Tradisi Suci Kepercayaan Dan Iman Katolik 5 October 2025

Jonathan Fabian Ginunggil

Published by Jonathan Fabian Ginunggil, 2025.

TRADISI SUCI KEPERCAYAAN DAN IMAN KATOLIK 5 OCTOBER 2025

First edition. October 5, 2025.

ISBN: 979-8232892296

Written by Jonathan Fabian Ginunggil.

Also by Jonathan Fabian Ginunggil

Spiritual Journey Towards The Life Of Jesus Christ, Lord And Savior Of The World
Spiritual Readings And The Life Of The Catholic Faith
Spiritual Readings For A Life Of Prayer And Contemplation (9 September 2025)
The Spiritual Reading Leads To The Life Of The Saints In Heaven
Tradisi Suci Kepercayaan Dan Iman Katolik 5 October 2025
Dosa Manusia Dan Ajaran Gereja Katolik Untuk Kehidupan Kekal Kita Di Syurga 7 October 2025
Human Sin And The Teachings Of The Catholic Church For Our Eternal Life In Heaven 7 October 2025

Table of Contents

My Vocation is Blessed and Saints

"I am the most humble of all the Saints in Heaven" Mary, Mother of God. "I am the handmaid of the Lord, said Mary 'let what you have said be done to me." (Luke 1: 38). Mother Mary is the most humble Saint in Heaven and she is also the Mother of God for us all (Luke 1:38)

Jonathan Fabian Ginunggil,

Yesus, Maria, Yusuf Pelayanan Kasih / Jesus, Mary Joseph Ministry of Love

(Blessed and Saints and the Nine Choirs of Angels)

Catholic Church.

Kampung Kituau 89500 Penampang Sabah Malaysia.

Email:

Contact Number: 014-9108120

Kepha
A
Servus Servorum Dei
Ω

A
Blessed and Saints
Ω

Blessed and Saints and The Nine Choirs of Angels (19th May 2024 Ahad)

Saudara dan saudari yang saya kasihi dalam nama Tuhan Yesus Kristus,

Jika kita mengimbas kembali Perayaan Pesta Kaamatan Peringkat Keuskupan Agung Kota Kinabalu kali ke-19, 3hb - 4hb Mei 2023 yang bertemakan "Manampasi Koubasanan Notinagas Doid Suang Paganakan Montok Popotihombus Do Tuduvan Dii Kristus" dan Pesta Kaamatan tahun 2023 yang bertemakan: "Kaamatan Membudayakan Perpaduan", "Kaamatan Enculturates Unity", "Kaamatan Mongubasanan Pisompuruan" ini kita boleh menilai sendiri sejauh manakah tema ini berhasil ataupun tidak. Syukur kepada Tuhan kerana dengan kehadiran dan kasih-Nya kita semua mampu meneruskan Pesta Kaamatan untuk tahun 2024 ini. Saya ingin mengulangi sedikit beberapa perkongsian saya disini tentang renungan saya pada tahun lepas dengan kata-kata ini. Ini memperingatkan saya secara peribadi adakah saya juga melakukan kehendak Tuhan ataupun tidak menyedari kehadiran-Nya yang hadir dalam setiap aspek kehidupan sesama kita;

Tuhan memanggil kita untuk bersaksi tentang panggilanNya iaitu untuk memulihara, melindungi dan menjaga alam semula jadi di zaman moden kita ini serta di masa hadapan yang akan datang. Marilah kita mengimbas kembali peranan kita sebagai anak-anak Allah Bapa kita di Syurga adakah pelayanan dan tanggungjawab kita untuk mengekalkan alam sekitar ini dapat melindungi spesies daripada kepupusan, mengekalkan dan memulihkan habitat, meningkatkan perkhidmatan ekosistem dan melindungi kepelbagaian biologi. Jika pada hari ini kita sedar bahawa segala urusan dan aktiviti kita ini masih belum tercapai, ini bermaksud dan tandanya bahawa Tuhan memanggil kita untuk bertobat dan kembali kepadaNya kerana segala perancangan yang kita lakukan berdasarkan ideologi dan kehendak kita sendiri dan bukan menurut kehendakNya. Ini bukan sahaja teguran dari Tuhan tetapi adalah kesempatan bagi kita untuk mendengarkan suaraNya kembali dan meninggalkan populariti dan pengaruh duniawi yang telah menggunakan bakat serta karunia Tuhan yang ada pada diri kita masing-masing. Lihatlah apa yang telah terjadi sekarang di sekeliling kita semua dan ambillah kesempatan yang ada pada saat ini untuk memohon pengampunan dan belaskasihan daripada Tuhan.

Tanda harapan yang pertama adalah keinginan akan perdamaian di dunia kita masa kini dan itulah sebabnya mengapa Pope Francis telah menetapkan bahawa tahun 2024 adalah "Year of Prayer" sebagai persediaan untuk Tahun Jubli 2025 Jubilee Year 'Pilgrims of Hope'. Terdapat tumpuan khusus pada doa Bapa Kami. Dan ini memberi kita semua kesempatan untuk merenungkan kembali tujuan dan mengapa kita perlu hidup sebagai Roman Katolik dan kemudian kembali kepada asas-asas doa tersebut, di atas bumi seperti di dalam Syurga. Sepanjang tahun ini 2024, segala usaha telah dilakukan untuk membolehkan Umat Tuhan mengambil bahagian sepenuhnya dalam pengisytiharan pengharapan akan rahmat Tuhan dan dalam tanda-tanda yang membuktikan keberkesanannya. Apapun usaha yang telah kita lakukan semua ini bergantung daripada bantuan dari Tuhan itu sendiri. Itulah sebabnya ada beberapa peristiwa yang berlaku di tempat kita masing-masing dan di dunia pada masa kini masih berhadapan akan krisis makanan dan kebuluran. Disebabkan kejadian seperti ini manusia di dunia ini menderita sehinggga menjadi sakit kerana mengalami krisis kelaparan dan haus. Dan disebabkan tiada sumber ubat-ubatan yang mencukupi terjadinya kematian. Selaras dengan tema Kaamatan 2024 iaitu, "Kaamatan, Melangkaui Keterjaminan Makanan" atau dalam bahasa kadazan-dusunnya, "Kaamatan, Poingalib Kohimaganan Taakanon", "Kaamatan Beyond Food Security", saya sangat senang menerima untuk memberikan sedikit renungan akan panggilan Tuhan untuk kita semua. Makanan merupakan keperluan untuk hidup kita dan keterjaminan makanan dapat dikekalkan jika kita kembali kepada Tuhan yang telah menyediakan, memelihara, memulihara serta memberikan sumber makanan ini untuk kita semua agar golongan miskin dan terabai dapat melihat kebaikan Tuhan di dalam perbuatan amal kasih kita. Sumber ciptaan alam semulajadi merupakan pemberian kasih Allah untuk kita semua. Secara tidak langsung ada kemungkinan kita yang tidak peka dan mendengar akan dorongon dari Roh Kudus ini. Jika hari ini kita mendengarkan suara Tuhan, jangan keraskan hatimu. Bertobatlah dan percayalah kepada Injil.

Saya yakin dan semangat yang sama tentang tema Pesta Kaamatan tahun 2024 ini iaitu "Kaamatan, Melangkaui Keterjaminan Makanan" atau dalam bahasa kadazan-dusunnya, “Kaamatan, Poingalib Kohimaganan Taakanon”,” Kaamatan Beyond Food Security”. Keputusan yang diambil untuk tema kali ini merupakan hasrat bersama kita semua untuk memenangi pertempuran melawan kelaparan dan kekurangan zat makanan di dunia secepat yang mungkin lebih-lebih lagi di dalam komuniti kita masing-masing. Marilah kita melihat apa yang sedang berlaku di tempat lain. Masyarakat antarabangsa kini sedang menghadapi krisis ekonomi dan kewangan yang teruk. Perangkaan menjadi saksi kepada pertumbuhan dramatik dalam bilangan orang yang menderita kelaparan, dan kemudian diburukkan lagi dengan kenaikan harga bahan makanan, pengurangan sumber ekonomi yang tersedia untuk golongan termiskin, dan akses terhad mereka kepada pasaran dan makanan. Dan semua ini diketahui oleh lapisan masyarakat. Hakikatnya bahawa dunia mempunyai makanan yang cukup untuk semua penduduknya. Malah, walaupun tahap pengeluaran pertanian yang rendah berterusan di beberapa wilayah, sebahagiannya disebabkan oleh perubahan iklim, makanan yang mencukupi dihasilkan pada skala global untuk memenuhi kedua-dua permintaan semasa dan pada masa hadapan yang boleh dijangka. Daripada data dan maklumat ini, kita boleh menyimpulkan bahawa tidak ada hubungan sebab dan akibat antara pertumbuhan penduduk dan kelaparan, dan ini ditunjukkan lagi oleh pemusnahan bahan makanan yang menyedihkan untuk keuntungan ekonomi.

Jika kita baca apa yang tertulis di dalam Encyclical Letter Caritas in Veritate I, telah menegaskan bahawa, "Kelaparan tidak terlalu bergantung pada kekurangan benda material seperti kekurangan sumber sosial, yang paling penting adalah institusi. Apa yang hilang, dalam erti kata lain, adalah rangkaian institusi ekonomi yang mampu menjamin akses tetap kepada makanan dan air yang mencukupi, dan juga mampu menangani keperluan utama dan keperluan berikutan daripada krisis makanan tulen". Ini bermaksud "masalah makanan ketidakamanan perlu ditangani dalam perspektif jangka panjang, menghapuskan punca struktur yang menimbulkannya dan menggalakkan pembangunan pertanian negara-negara miskin. Ini boleh dilakukan dengan melabur dalam infrastruktur luar bandar, sistem pengairan, pengangkutan, organisasi pasaran, dan dalam pembangunan dan penyebaran teknologi pertanian yang boleh menggunakan sebaik mungkin sumber manusia, semula jadi dan sosio-ekonomi yang lebih mudah didapati di peringkat tempatan, sambil menjamin kemampanan mereka dalam jangka panjang juga" (no. 27). Oleh itu, keperluan untuk menentang bentuk bantuan yang merosakkan sektor pertanian, pendekatan pengeluaran makanan yang menjurus semata-mata ke arah penggunaan dan tidak mempunyai perspektif yang lebih luas, dan terutamanya golongan tamaha@tamak ini bah yang menyebabkan spekulasi muncul walaupun dalam pemasaran seperti bijirin, seolah-olah makanan akan diperlakukan sama seperti komoditi lain.

Disini terdapatnya kelemahan mekanisme semasa untuk keselamatan makanan dan keperluan seperti ini perlu dikaji dari masa ke semasa. Ini perlu bukan sahaja untuk hari ini tetapi di masa yang akan datang. Walaupun negara-negara termiskin lebih terintegrasi sepenuhnya ke dalam ekonomi dunia berbanding sebelum ini, pergerakan dalam pasaran antarabangsa menjadikan mereka lebih terdedah dan memaksa mereka untuk mendapatkan bantuan institusi antara kerajaan yang tidak syak lagi melakukan kerja yang bernilai dan sangat diperlukan. Konsep kerjasama, walau bagaimanapun, mestilah konsisten dengan prinsip subsidiariti iaitu adalah perlu untuk melibatkan komuniti tempatan@orang-orang kampungan kita bah dalam pilihan dan keputusan yang mempengaruhi penggunaan tanah pertanian. Ini kerana pembangunan insan yang bersepadu memerlukan pilihan yang bertanggungjawab di pihak semua orang dan ia menuntut sikap perpaduan. Tetapi apa yang perlu kita pertimbangkan semula adalah bantuan bencana tidak boleh dilihat sebagai peluang untuk mempromosikan kepentingan mereka yang menyediakan sumber atau kumpulan elit di kalangan benefisiari. Berkenaan dengan negara yang memerlukan sokongan luar, masyarakat antarabangsa mempunyai kewajipan untuk membantu dengan menggunakan saluran kerjasama, memikul tanggungjawab kolektif untuk pembangunan mereka. Secara tidak langsung terjalinnya perpaduan di antara pihak yang terbabit, kehadiran dalam pertemuan merapatkan lagi semangat tolong menolong dan latihan penyeliaan yang disediakan dapat dilakukan bersama. Dalam konteks keseluruhan tanggungjawab ini, setiap negara mempunyai hak untuk menentukan model ekonominya sendiri, mengambil langkah untuk menjamin kebebasannya memilih objektifnya sendiri. Dengan cara ini, kerjasama mesti menjadi instrumen yang berkesan dan tidak berpegang kepada kepentingan yang boleh menyerap sebahagian daripada sumber yang ditakdirkan untuk pembangunan.

Selain itu adalah penting untuk ditegaskan bahawa sikap perpaduan berhubung pembangunan negara miskin juga berpotensi untuk menyumbang kepada penyelesaian krisis global semasa. Sokongan yang diberikan kepada negara-negara ini melalui rancangan kewangan yang diilhamkan oleh perpaduan, membolehkan mereka menyediakan keperluan penggunaan dan pembangunan mereka sendiri, bukan sahaja memihak kepada pertumbuhan ekonomi dalaman mereka, tetapi boleh memberi kesan positif ke atas pembangunan insan yang penting di negara lain. Salah satu halangan dan cabaran yang sering terjadi adalah perang yang membabitkan kemusnahan harta benda, kematian, kelaparan dan haus. Dalam keadaan semasa terdapat jurang perbezaan yang berterusan dalam tahap pembangunan di kalangan negara yang membawa kepada ketidakstabilan di banyak bahagian dunia. Ini kita perlu teliti kembali kerana adanya perbezaan antara kemiskinan dan kekayaan. Ini tidak lagi terpakai hanya untuk model pembangunan tetapi juga kepada persepsi yang semakin meluas mengenai ketidakamanan makanan, iaitu kecenderungan untuk melihat kelaparan sebagai struktur, sebahagian daripada situasi sosio-politik negara-negara yang paling lemah, masalah penyesalan yang meletak jawatan, dan kemudian jika tidak langsung tidak peduli lagi. Ini sepatutnya tidak perlu terjadi hanya disebabkan kelemahan dan kekurangan kita sebagai manusia biasa. Boleh jadi kita sering mengalah kerana berhadapan situasi seperti ini. Untuk memerangi dan menakluki kelaparan adalah penting untuk mula mentakrifkan semula konsep dan prinsip yang telah mengawal hubungan antarabangsa dari dulu sampailah sekarang ini. Kita perlu bangkit semula dan memberikan perhatian dan tindak balas terhadap keperluan golongan termiskin. Tindak balas mesti dicari bukan dalam aspek teknikal kerjasama tetapi dalam prinsip yang ada di belakangnya: hanya atas nama keahlian bersama keluarga manusia di seluruh dunia boleh setiap orang bah, dan oleh itu setiap negara diminta untuk mengamalkan perpaduan iaitu untuk memikul beban tanggungjawab konkrit dalam memenuhi keperluan orang lain supaya memihak kepada perkongsian barangan makanan yang tulen berasaskan kasih sayang serta cintakasih.

Walau bagaimanapun perpaduan manusia yang diilhamkan oleh cintakasih Tuhan adalah untuk mengasihi dan memberi, untuk menawarkan apa yang menjadi milikku kepada yang lain. Berdasarkan kewujudan dan perbuatan seperti ini, kita sesungguhnya telah memberi apa yang menjadi milik kita tanpa mengharapkan balasan dan hormat. Jika matlamatnya adalah untuk menghapuskan kelaparan, tindakan antarabangsa diperlukan bukan sahaja untuk menggalakkan pertumbuhan ekonomi dan kestabilan politik yang seimbang dan teratur tetapi juga untuk mencari kaedah yang baru dan berkesan. Kita boleh melihat kembali perundangan dan ekonomi yang telah dilaksanakan sebelum ini. Kita perlu yakin bahawa usaha kerja keras kita selama ini mampu memberi inspirasi kepada tahap kerjasama yang diperlukan untuk membina hubungan baik di kalangan kita semua khususnya antara negara pada peringkat pembangunan yang berbeza. Kita tidak perlu ada rasa bersalah walaupun terdapatnya kegagalan segala usaha kita sejak dari dulu lagi. Apa yang penting sekarang adalah kita juga mampu menutup jurang yang sedia ada dan memihak kepada kapasiti setiap orang untuk menganggap dirinya sebagai golongan yang di jaga dan di beri makanan. Kita perlu renungkan kembali bahawa asas semua orang adalah berakar umbi dari asal usul keluarga manusia. Sumber prinsip-prinsip tersebut dan undang-undang semula jadi yang sedia ada boleh memberikan inspirasi kepada pilihan dan pendekatan politik, perundangan dan ekonomi dalam kehidupan antarabangsa pada masa kini.

Marilah kita membaca dan merenungkan kembali apa yang dikatakan oleh Santo Paulus ini yang berbicara dengan fasih mengenai hal ini, "Sebab kamu dibebani bukanlah supaya orang-orang lain mendapat keringanan, tetapi supaya ada keseimbangan. Maka hendaklah sekarang ini kelebihan kamu mencukupkan kekurangan mereka, agar kelebihan mereka kemudian mencukupkan kekurangan kamu, supaya ada keseimbangan. Seperti ada tertulis; Orang yang mengumpulkan banyak, tidak kelebihan dan orang yang mengumpulkan sedikit, tidak kekurangan." (2 Kor 8:13-15)

Untuk memerangi kelaparan dan menggalakkan pembangunan insan yang integral adalah perlu untuk memahami keperluan dunia luar bandar@kampungan bah dan begitu juga untuk memastikan bahawa sebarang penurunan dalam sokongan penderma tidak menimbulkan ketidakpastian dalam pembiayaan aktiviti kerjasama. Sebarang kecenderungan ke arah pandangan yang salah tentang dunia luar bandar sebagai perkara yang mempunyai kepentingan sekunder mesti dielakkan. Pada masa yang sama tujuan kepada pasaran antarabangsa mesti diutamakan untuk produk yang datang dari kawasan termiskin yang kini sering diturunkan kepada margin. Untuk mencapai objektif ini adalah perlu untuk memisahkan peraturan perdagangan antarabangsa daripada logik keuntungan yang dilihat sebagai tujuan itu sendiri. Sokongan inisiatif ekonomi amat perlu agar negara-negara yang mengalami krisis kelaparan ini akan dapat maju ke arah sara diri yang membawa kepada jaminan makanan. Walaupun cara dan kaedah ini ternyata berat dan susah dilaksanakan, kita tidak perlu mengalah pada peringkat awal. Misi dan Visi yang telah direalisasikan sebelum ini perlu dilakukan bersama agar kepentingan golongan miskin yang lapar dan haus ini terjamin di masa yang akan datang.

Kita juga perlu peka akan perubahan masa dan situasi kehidupan manusia dari masa ke semasa. Kita perlu keluar dari rasa selesa zon bebas kehidupan kita. Ini perlu agar dengan cara perbuatan dan tindakan kehadiran kita di tengah masyarakat, kita sendiri tahu apa puncanya akar masalah tersebut terjadi. Hak asasi individu juga tidak boleh dilupakan yang termasuk sudah tentu hak untuk mendapatkan makanan yang mencukupi, sihat dan berkhasiat, dan begitu juga air; hak ini mengambil peranan penting dalam merealisasikan orang lain, bermula dengan yang utama, hak untuk hidup. Oleh itu adalah perlu untuk memupuk "hati nurani awam yang menganggap makanan dan akses kepada air sebagai hak universal semua manusia, tanpa perbezaan atau diskriminasi" (Caritas in Veritate, 27). Saya percaya banyak yang telah dicapai dengan sabar dalam beberapa tahun kebelakangan ini. Teruskan dan berharaplah kepada Tuhan kerana hanya Dialah satu-satunya sumber pengharapan kita. Kita tidak perlu untuk menjadi sempurna jika kita ingin memulakan sesuatu pelayanan. Kita tidak perlu untuk menguasai pelbagai aspek kehidupan manusia jika kita ingin memulakan sesuatu perkara yang baik. Kita tidak perlu menguasai pelbagai jenis kemahiran yang ada jika kita ingin mengunakan bakat semulajadi kita. Tetapi kita perlu tahu apa kelemahan dan kekurangan kita sebagai manusia biasa. Latihan dan pengetahuan yang kita perolehi adalah untuk seumur hidup yang perlu kita laksanakan dan praktikkan sesuai dengan kemahiran dan kebolehan yang ada pada kita. Walaupun kita berpendidikan rendah, masyarakat akan tahu bahawa pemimpin seperti ini adalah seorang gembala yang baik yang mampu menjaga kawanan domba-dombanya.

Sebagai peringatan untuk kita semua, kaedah pengeluaran makanan juga memerlukan analisis yang teliti tentang hubungan antara pembangunan dan perlindungan alam sekitar. Keinginan untuk memiliki dan mengeksploitasi sumber planet dengan cara yang berlebihan dan tidak teratur adalah punca utama semua kemerosotan alam sekitar. Perlindungan alam sekitar mencabar dunia moden untuk menjamin bentuk pembangunan yang harmoni, menghormati reka bentuk ciptaan Tuhan, dan oleh itu mampu menjaga planet ini. Adakah kita sedar tentang perkara ini? Apapun usia kita, tua dan muda, kanak-kanak, remaja dan dewasa haruslah bekerjasama dan memainkan peranan masing-masing untuk menangani masalah ini. Walaupun seluruh umat manusia dipanggil untuk mengiktiraf kewajipannya kepada generasi yang akan datang, adalah benar juga bahawa Negara dan organisasi antarabangsa mempunyai kewajipan untuk melindungi alam sekitar sebagai kebaikan bersama. Dalam konteks ini, kaitan antara keselamatan alam sekitar dan fenomena perubahan iklim yang mengganggu perlu diterokai dengan lebih lanjut dan memfokuskan kepada kepentingan utama manusia dan terutamanya tentang populasi yang paling berisiko daripada kedua-dua fenomena. Norma kehidupan seharian, perundangan, rancangan pembangunan dan pelaburan tidak mencukupi. Walau bagaimanapun apa yang diperlukan ialah perubahan dalam gaya hidup individu, keluarga, komuniti dan masyarakat dalam tabiat penggunaan dan dalam persepsi tentang apa yang benar-benar diperlukan. Paling penting untuk direnungkan bersama adalah terdapat kewajipan moral untuk membezakan antara yang baik dan yang jahat dalam tindakan manusia, untuk menemui semula ikatan persekutuan yang menyatukan manusia dan ciptaan, kesedaran akan kejahatan dan dosa dunia, unsur-unsur kuasa kegelapan serta dosa manusia itu sendiri yang telah memisahkan antara Allah pencipta dan cintakasihNya dengan pilihan kebebasan yang salah dari manusia itu sejak dari dulu lagi. Amalan budaya dan tanggungjawab sosial ini boleh membantu jikalau manusia itu sedar bahawa mereka sebenarnya telah meninggalkan Tuhan kerana pilihan kebebasan yang salah dipilih.

Marilah kita melihat kembali apa yang tertulis di dalam Encyclical Letter Caritas in Veritate:

Adalah penting untuk diingatkan kembali bahawa "kemerosotan alam semula jadi adalah berkait rapat dengan budaya yang membentuk kewujudan bersama manusia: apabila 'ekologi manusia' dihormati dalam masyarakat, ekologi alam sekitar juga mendapat manfaat." Sesungguhnya, "sistem ekologi adalah berdasarkan penghormatan terhadap rancangan yang menjejaskan kesihatan masyarakat dan hubungan baiknya dengan alam semula jadi." Dan "isu yang menentukan ialah keseluruhan cara hidup dan moral masyarakat. Oleh itu kewajipan kita terhadap alam sekitar dikaitkan dengan tugas kita terhadap peribadi manusia, dipertimbangkan dalam dirinya sendiri dan dalam hubungannya dengan orang lain. Adalah salah untuk menegakkan satu set tugas sambil memijak kepada individu yang lemah dan tidak berpengetahuan. Di sinilah terdapat percanggahan besar dalam mentaliti dan amalan kita hari ini iaitu yang merendahkan martabat seseorang, mengganggu alam sekitar dan merosakkan masyarakat. Jika hari ini kita semua sedar bahawa pilihan kebebasan yang kita pilih itu salah dan berdosa di hadapan Tuhan, bertobatlah dan percayalah kepada Injil. Jika kamu mendengarkan suara Tuhan, jangan keraskan hatimu.

Ingatlah kelaparan adalah tanda kemiskinan yang paling kejam dan konkrit di dunia kita. Kemewahan dan pembaziran tidak lagi boleh diterima apabila tragedi kelaparan semakin besar. Gereja Roman Katolik akan sentiasa prihatin terhadap usaha-usaha untuk mengalahkan kelaparan. Gereja Roman Katolik juga komited untuk menyokong, melalui perkataan dan perbuatan, tindakan yang diambil secara solidariti, terancang, bertanggungjawab dan dikawal selia yang mana semua ahli masyarakat antarabangsa dipanggil untuk menyumbang.

Gereja tidak mahu campur tangan dalam keputusan politik. Gereja juga menghormati pengetahuan yang diperoleh melalui kajian saintifik dan keputusan dicapai melalui akal yang dicerahkan secara bertanggungjawab oleh nilai-nilai kemanusiaan yang tulen. Dan Gereja juga menyokong usaha untuk menghapuskan kelaparan. Ini adalah tanda solidariti yang paling baik dan konkrit yang diilhamkan oleh amal kasih dan ia tidak melambatkan atau berkompromi. Perpaduan sedemikian bergantung kepada teknologi, undang-undang dan institusi untuk memenuhi aspirasi individu, keluarga, masyarakat dan seluruh rakyat namun ia tidak boleh mengenepikan dimensi keagamaan dengan semua tenaga rohani yang dibawanya dan nilai martabat peribadi manusia. Pengakuan akan nilai transendental setiap lelaki dan setiap wanita masih merupakan langkah pertama ke arah penukaran hati yang menyokong komitmen untuk menghapuskan kekurangan, kelaparan dan kemiskinan dalam semua bentuk masalah yang ada.

Sebagai penutup untuk renungan disini, saya ingin mengkongsikan sedikit kata-kata daripada Pope Francis mengenai isu kelaparan makanan dan kemiskinan. Semoga bahan bacaan dari awal penulisan ini serta yang disediakan disini memberi manfaat kepada kita semua. Berharaplah kepada Tuhan di dalam doa dan renungan dan percayalah kepada Dia sahaja.

15. Saya memohon dengan sepenuh hati agar harapan diberikan kepada berbilion-bilion orang miskin yang sering kekurangan keperluan hidup. Sebelum gelombang kemiskinan yang berterusan, kita boleh dengan mudah menjadi terbiasa dan meletak jawatan. Namun kita tidak boleh menutup mata terhadap situasi dramatik yang kini kita hadapi di sekeliling kita, bukan sahaja di bahagian tertentu di dunia. Setiap hari kita bertemu dengan orang yang miskin atau miskin; mereka mungkin juga jiran sebelah rumah kita. Selalunya mereka kehilangan tempat tinggal atau kekurangan makanan yang mencukupi untuk hari itu. Mereka mengalami penyisihan dan sikap acuh tak acuh di pihak ramai. Adalah memalukan bahawa dalam dunia yang memiliki sumber yang

besar, yang ditakdirkan sebahagian besarnya untuk menghasilkan senjata, golongan miskin terus menjadi "majoriti penduduk planet ini, berbilion orang. Hari-hari ini mereka disebut dalam perbincangan politik dan ekonomi antarabangsa, tetapi seseorang sering mempunyai tanggapan bahawa masalah mereka ditimbulkan sebagai renungan, soalan yang ditambah hampir di luar tugas atau secara tangensial, jika tidak dianggap hanya sebagai kerosakan cagaran. Sesungguhnya, apabila semuanya dikatakan dan dilakukan, mereka kerap berada di bahagian bawah timbunan". [7] Jangan kita lupa orang miskin hampir selalu menjadi mangsa, bukan mereka yang harus dipersalahkan.

Sebagai tambahan;

Golongan miskin ini ada di dalam komuniti kita masing-masing. Jika kita teliti keadaan sebenarnya perkara ini sebenarnya sudah ada sejak dari dulu lagi. Lihatlah keadaan orang-orang kampung kita yang sanggup datang menjual di tempat kita ini. Ada yang sanggup datang dari jauh bersama dengan anak-anak mereka. Anak-anak kecil tertidur semasa menjual dan ada juga yang duduk menjual terutama anak-anak kecil yang baik hati ini. Bukan mereka yang harus dipersalahkan tetapi kita ini yang sebenarnya memiliki sikap acuh tak acuh dan menanggap kehadiran mereka ini sebagai halangan untuk maju dari segi ekonomi dan pembangunan. Orang kampungan kita bah bukannya pemalas untuk bekerja tetapi masalah yang sering dihadapi oleh masyarakat golongan miskin ini adalah jalanraya masih belum dibaiki lagi. Jalan masuk ke kebun dan ladang juga mempunyai halangan disebabkan jalan raya tersebut terhalang kerana jalan raya yang berlubang dan rosak. Keadaan seperti ini boleh menyebabkan letih dan penat kerana terpaksa berjalan kaki untuk sampai ke destinasi mereka masing-masing. Sesungguhnya golongan miskin inilah yang selalu menjadi mangsa keadaan. Yang menyedihkan lagi hasil tanaman sayuran mereka tidak terjual habis. Jika ini berterusan di masa hadapan usaha hasil tanaman mereka akan mudah menjadi layu dan buruk dan kemudian di buang begitu saja. Pendapatan hasil dari jualan mereka masih belum cukup untuk menampung keperluan seharian mereka. Bagaimanakah anak-anak kecil ini mahu makan sampai puas dan kenyang? Mampukah kita menamatkan krisis kelaparan ini di tempat kita masing-masing?

Rayuan untuk harapan/memohon harapan.

16. Menggemakan mesej lama para nabi, Jubli mengingatkan kita bahawa harta bumi tidak ditakdirkan untuk segelintir orang yang mempunyai hak istimewa, tetapi untuk semua orang. Orang kaya mesti bermurah hati dan tidak mengalihkan pandangan mereka dari wajah saudara-saudara mereka yang memerlukan. Di sini saya memikirkan terutamanya mereka yang kekurangan air dan makanan: kelaparan adalah skandal, luka terbuka pada tubuh manusia kita, dan ia memanggil kita semua untuk pemeriksaan hati nurani yang serius. Saya memperbaharui rayuan saya bahawa "dengan wang yang dibelanjakan untuk senjata dan perbelanjaan ketenteraan lain, marilah kita menubuhkan dana global yang akhirnya dapat menamatkan kelaparan dan memihak kepada pembangunan di negara-negara yang paling miskin, supaya rakyat mereka tidak akan menggunakan kekerasan atau situasi ilusi, atau terpaksa meninggalkan negara mereka untuk mencari kehidupan yang lebih bermaruah". [8]

Satu lagi rayuan sepenuh hati yang saya akan buat sehubungan dengan Jubli yang akan datang ditujukan kepada negara-negara yang lebih kaya. Saya meminta mereka mengakui betapa beratnya banyak keputusan masa lalu mereka dan bertekad untuk memaafkan hutang negara yang tidak akan dapat membayarnya. Lebih daripada persoalan kemurahan hati, ini adalah soal keadilan. Ia menjadi lebih serius hari ini oleh bentuk ketidakadilan baru yang semakin kita kenali, iaitu, bahawa "'hutang ekologi' sebenar wujud, terutamanya antara Utara dan Selatan global, yang berkaitan dengan ketidakseimbangan komersial dengan kesan ke atas alam sekitar dan penggunaan sumber asli yang tidak seimbang oleh negara tertentu dalam jangka masa yang panjang". [9] Seperti yang diajarkan oleh Kitab Suci, bumi ini adalah milik Tuhan dan kita semua diam di dalamnya sebagai "orang asing dan pendatang bagi-Ku" (Im. 25:23). Jika kita benar-benar ingin menyediakan jalan menuju kedamaian di dunia kita, marilah kita komited untuk membetulkan punca ketidakadilan, menyelesaikan hutang yang tidak adil dan tidak dapat dibayar, dan memberi makan kepada orang yang kelaparan.

Sebagai tambahan;

Setiap peribadi manusia itu adalah berharga di hadapan Tuhan. Marilah kita memberikan masa dan diri kita di dalam doa dan renungan apa yang akan terjadi untuk generasi kita di masa yang akan datang. Tidak semua yang kita dapat lakukan di dunia ini tetapi untuk mengatasi kelaparan dan haus ini kita boleh mulakan di tempat kita masing-masing. Untuk menuju kepada kedamaian dunia, adil dan solidariti yang baik, kita perlu kembali ke dasar yang dalam iaitu menilai kembali sejauh mana masyarkat kita ini memperolehi manfaat hasil daripada usaha kerja keras kita. Jika terdapatnya isu kelaparan dan haus ini berterusan bererti kita masih perlu menilai semula tanggungjawab dan komited kita adakah itu sebenarnya kehendak dari Tuhan. Kita harus sedar bahawa tanpa bantuan dari Tuhan kita tidak boleh melakukan apa-apa. Tetapi ingatlah bahawa, "Pencobaan-pencobaan yang kamu alami ialah pencobaan-pencobaan biasa, yang tidak melebihi kekuatan manusia. Sebab Allah setia dan kerana itu Ia tidak akan membiarkan kamu dicobai melampaui kekuatanmu. Pada waktu kamu dicobai Ia akan memberikan kepadamu jalan ke luar, sehingga kamu dapat menanggungnya" (1 Kor 10: 13).

Akhir sekali kepada semua peserta Unduk Ngadau Penampang, Mr Kaamatan dan Peserta Sugandoi Dazanak (kanak-kanak), Sugandoi remaja dan dewasa (terbuka), Sugandoi Songkotoun (veteran);

Cabaran, rintangan dan kesukaran memang banyak di luar sana tetapi banyak juga bah saluran yang kita boleh guna serta mencari solusi terbaik. Dan saya yakin doa, usaha dan kerja keras anda pasti berhasil di masa hadapan serta membawa lebih ramai lagi sumandak-sumandak talawa dan tanak wagu di tempat kita masing-masing walaupun kampungan orang bilang dan tidak berpendidikan tinggi, hanya tau cakap bahasa ibunda sikit-sikit, menjadi simbolik dan imej tradisi identiti etnik di Penampang Sabah, Malaysia. Tuhan ada rencananya untuk kita semua. Don't be afaid and be humble. Stay focus dan jika hatimu tenang dan damai, Pentas Dewan Kaamatan Daerah dan Peringkat Negeri Sabah akan menjadi milik anda pada tahun ini 2024 dan seterusnya. Bagi yang tidak terpilih don't give up kio. Yakin dan percayalah Tuhan akan memberikan jalan kehidupan yang lebih terbaik selepas ini (1 Kor 10: 13, Yoh 15: 16-17).

Tuhan memberkati usaha anda semua untuk memastikan semua orang diberi makanan yang cukup di dalam kehidupan seharian mereka masing-masing.

Sustained by this great tradition, and certain that the Jubilee Year will be for the entire Church a lively experience of grace and hope, I hereby decree that the Holy Door of the Basilica of Saint Peter in the Vatican will be opened on 24 December 2024, thus inaugurating the Ordinary Jubilee. On the following Sunday, 29 December 2024, I will open the Holy Door of my cathedral, Saint John Lateran, which on 9 November this year will celebrate the 1700th anniversary of its dedication. Then, on 1 January 2025, the Solemnity of Mary, Mother of God, the Holy Door of the Papal Basilica of Saint Mary Major will be opened. Finally, Sunday, 5 January 2025, will mark the opening of the Holy Door of the Papal Basilica of Saint Paul Outside the Walls. These last three Holy Doors will be closed on Sunday, 28 December 2025.

Pope Francis.

Penutup dan kata-kata terakhir perkongsian pada tahun 2023.

Marilah kita bertekun di dalam doa dan meneruskan tanggungjawab kita untuk melayani sesama kita. Teruskanlah amalan budaya bertanggungjawabkan sosial di dalam kehidupan kita. Perayaan Pesta Kaamatan peringkat Keuskupan Agung Kota Kinabalu kali ke-19, 3hb - 4hb Mei 2023 yang bertemakan "Manampasi Koubasanan Notinagas Doid Suang Paganakan Montok Popotihombus Do Tuduvan Dii Kristus" yang telah diadakan di Holy Nativity Parish Terawi adalah tandanya bahawa Tuhan mahu ikut serta dalam usaha kita untuk menghadirkan Yesus Kristus di dalam kehidupan keluarga kita masing-masing serta konsep perpaduan tersebut. Komuniti berpusat kepada Kristus, melayani sesama dengan cinta kasih dapat membawa kita semua untuk mencapai perpaduan. Kita adalah umat Allah berjalan bersama dalam Yesus Kristus. Keluarga yang berpusatkan kepada Ekaristi dapat membantu kita untuk hidup dalam persekutuan komuniti-komuniti penyayang yang berpusatkan pada Kristus, berjalan bersama dalam iman, harapan dan cintakasih, diteguhkan oleh Roh Kudus dalam misi penginjilan demi pembangunan Kerajaan Allah.

Kita harus belajar dan kemudian mempraktikkannya bagaimana kita sebagai keluarga Allah yang terdiri dari umat awam, religius, para paderi dan uskup Arch/diosis di Sabah ini untuk berjalan bersama dengan Roh Kristus, iaitu mengamanatkan diri untuk taat berdoa dan menghayati Sabda Allah agar kita yang percaya kepada Kristus memperbaharui peribadi dan kelompok secara berterusan sambil merayakan Sakramen-sakramen. Hidup berkomuniti juga amat penting supaya kita dapat memupuk perpaduan di kalangan komuniti, menghormati nilai-nilai agama lain, menjaga alam sekitar dengan bertanggungjawab dan juga menegakkan keadilan dan kedamaian. Kita tidak perlu takut dan risau untuk memperjuangkan keamanan, keadilan dan cintakasih.

Jagalah keharmonian alam ciptaan Tuhan. Apapun misi dan matlamat kita semua jangan sesekali mencobai Tuhan dan mengikuti ajaran sesat yang menghalang kita untuk membentuk komuniti umat Allah yang komited dan efektif dalam pelayanan KerajaanNya. Kita berdoa agar dengan bantuan Roh Kudus segala aktiviti dan pelayanan kita masing-masing menghadirkan kasih Allah kepada sesama kita. Dengan cara yang demikian kita membantu dan membawa orang lain untuk mengenali tanda-tanda kehadiran Tuhan dan menyelamatkan mereka dari dosa dan kematian.

Jika hari ini kamu mendengarkan suara Tuhan jangan keraskan hatimu. Bertobatlah kerana KerajaanNya sudah dekat bagi orang yang percaya kepada Yesus Kristus, yang adalah jalan, kebenaran dan kehidupan untuk semua umat manusia.

Please don't tamaha bah. Enough for all suffering!

Rujukan:

https://jonathanromancatholic.blogspot.com/search?q=Pesta+Kaamatan&m=0[1]

https://sites.google.com/view/blessed-and-saints/home/pesta-kaamatan-di-sabah/pesta-kaamatan-di-sabah?authuser=0[2]

---

1. https://draft.blogger.com/u/1/blog/post/edit/5944887941936766601/6679725361920645364

2. https://draft.blogger.com/u/1/blog/post/edit/5944887941936766601/6679725361920645364

Doa itu sebenarnya telah dijawab oleh Tuhan dan Pesta Kaamatan di Sabah merupakan doa dari Yesus Kristus untuk kita semua (Alkitab Gereja Katolik Roma). Inilah yang saya fikirkan, renungkan dan doakan untuk semua orang, untuk semua lapisan masyarakat dan untuk keselamatan manusia di seluruh dunia.

Sebelum kita berpisah, saya ingin mengulangi kembali perkongsian saya sebelum ini mengenai Pesta Kaamatan pada tahun-tahun yang lalu. Apapun yang tertulis disini, saya berharap agar penulisan saya ini boleh membawa kepada budaya dan masyarakat yang baik di masa hadapan. Setiap pertemuan pasti ada perpisahan, dan jika ada jodoh kita pasti akan berjumpa lagi. Selamat menyambut Pesta Kaamatan pada tahun ini 2025. Dengan berkat dan bantuan daripada Tuhan, segala usaha dan niat kita yang baik pasti diberkatiNya. Hanya Tuhan sahaja yang dapat menyatukan semua orang, dan hanya melalui Dia sahaja kita akan menemukan kehidupan kekal. Di Syurga adalah pertemuan untuk semua orang, untuk semua kita, dan untuk semua manusia di dunia ini. Bersama Bonda Maria, yang merupakan Orang Kudus yang paling rendah hati di Syurga, pertolongan dan belaskasihan daripada Yesus Kristus, Putra Allah, menyertai kita dengan bantuan doa pengantaraan dari Bonda Maria, Ratu Syurgawi.

Kepada semua ahli yang ada di dalam Yesus, Maria, Yusuf Pelayanan Kasih (Blessed and Saints and the Nine Choirs of Angels) sila baca dan pelajari apa yang telah tertulis di sini. Bersama Bonda Maria, Bonda Allah kita dan Ratu Syurgawi, yang merupakan Orang Kudus yang paling rendah hati di Syurga, Tuhan menyertai dan melindungi kita semua dari yang jahat dengan bantuan doa pengantaraan dari Perawan Maria, Ratu Rosari.

Setiap hari kita melaksanakan tanggungjawab kita masing-masing dengan mengikuti panggilan hidup kita sebagai manusia. Dan setiap hari, kita berdoa kepada Tuhan agar apa yang kita inginkan dan rancangkan mendapat pertolongan dari Tuhan itu sendiri. Dan secara tidak langsung, kita mulai mengalami kegagalan, jatuh dan bangun di dalam hidup berkeluarga, mengalami cabaran dan kesulitan di dalam pekerjaan dan akhirnya merasa bosan kerana melakukan perkara yang sama setiap hari. Tetapi disebalik peristiwa ini, saya ingin bertanya kepada saudara dan saudari, adakah kita semua termasuklah diri saya sendiri benar-benar percaya bahawa Tuhan sentiasa bersama dengan kita? Setiap kali kita memikirkan tentang soal kehidupan, kita pasti mengalami keraguan di dalam hati apakah suatu hari nanti kita akan masuk ke Syurga tanpa dosa dan kejahatan. Kita mulai ada rasa takut kerana perasaan sedemikian membawa kita dalam keadaan ketakutan, gelisah dan tidak tenteram. Oleh demikian, kita berusaha untuk melupakan dosa-dosa kita tetapi kesan daripada dosa-dosa itu menimbulkan rasa bersalah sepanjang hidup kita. Luka-luka batin yang sering menggangu kita menimbulkan rasa bersalah sehingga tidak lagi berharap kepada kasih Allah yang menyelamatkan. Itulah sebabnya pada tahun ini, sempena dengan sambutan Pesta Kaamatan tahun ini 2025 yang bertemakan *"Kaamatan Untuk Semua"* atau *"Kaamatan Montok Toinsanan"* (dalam bahasa Kadazan Dusun) dan dalam bahasa english *"Kaamatan For All"*, marilah kita kembali kepada Tuhan agar kehidupan yang kita lalui bersama di dunia ini, membawa kepada kesatuan misteri akan kasih Allah, iaitu kesatuan dan keberagaman dalam ungkapan iman berlandaskan pada misteri Kristus sendiri, yang sekaligus merupakan misteri pemenuhan dan perdamaian universal *(Ef 2:11-22)*.

Pesta Kaamatan yang kita adakan setiap tahun pasti membawa kepada kegembiraan dan sudah tentu kita ada masa bersama untuk berjumpa dan berkumpul bersama. Namun, saya ingin mengulangi soalan yang saya ungkapkan tadi, adakah kita gembira disebabkan oleh damai dari Tuhan atau hanya pada diri kita sendiri? Jika kita semua telah gembira, mengapa terdapatnya golongan miskin masih terabai di kalangan kita? Dan mengapa terdapatnya hanya golongan tertentu sahaja yang masih hidup dalam kemewahan sehingga terjadinya ketamakan, kesombongan dan kenikmatan duniawi? Saya ingin membawa kepada anda semua untuk melihat kembali iman kepercayaan kita kepada Tuhan pada tahun ini khususnya untuk Pesta Kaamatan yang kita rayakan bersama. Sebenarnya iman bukanlah sebuah filsafat, namun iman memberikan arah kepada pemikiran manusia. Kebenaran iman terikat erat dengan gerakannya yang terus maju melalui sejarah iaitu dari Abraham sampai Kristus, dan dari Kristus sampai parousia. Kemudian fakta bahawa kebenaran iman dihayati dalam gerakan maju yang melibatkan hubungannya dengan mempraktekkan dan sejarah iman ini. Dan yang perlu kita ingatkan sekarang adalah iman Kristen didasarkan pada Sabda Tuhan yang menjelma *(berinkarnasi)*, sejarah dan praktisnya membezakannya dalam hakikatnya dari bentuk sejarah di mana manusia sendiri akan menjadi pencipta arahnya sendiri. Menyentuh dari segi spiritualiti, Gereja adalah subjek komprehensif yang menyatukan teologi-teologi Perjanjian Baru dan Dogma-dogma yang muncul sepanjang sejarah. Gereja didirikan atas pengakuan iman kepada Yesus Kristus yang telah mati dan bangkit, yang diwartakan dan dirayakannya dalam kuasa Roh Kudus. Ini sering kali kita akui semasa janji pembaptisan ataupun dalam pengakuan akan doa Aku Percaya. Dengan ini peristiwa-peristiwa dan Sabda-sabda yang diwahyukan oleh Allah haruslah setiap waktu kita fikirkan kembali, dirumuskan kembali, dan dihayati kembali dalam setiap budaya manusia.

Hanya melalui doa, ibadat, dan kehidupan sehari-hari kita sebagai umat Allah dapat membawa diri kita kepada kesatuan budaya yang sihat. Saya ingin mengulangi kata-kata ini kerana Injil Kristus menuntun setiap budaya menuju kepenuhannya dan sekaligus menyerahkannya kepada maklum balas yang kreatif dan jelas. Menyentuh tentang peranan kita sebagai gembala yang baik dan membimbing umat Allah kepada iman yang benar, adalah perlu setiap pelayan-pelayan itu mengabdikan diri mereka pada tugas dan pelayanan yang sulit tersebut untuk mewujudkan Iman Kristiani agar dapat selalu memelihara kesinambungan dan persekutuan dengan Gereja Universal di masa lalu dan masa kini. Dengan usaha yang kita lakukan, cara hidup dan pelayanan kita dapat memberikan sumbangan yang besar bagi pendalaman kehidupan Kristiani mahupun bagi kemajuan refleksi teologis dalam Gereja Universal dan membimbing umat manusia dalam segala keanekaragamannya menuju kesatuan yang dikehendaki oleh Allah. Inilah yang saya mahu agar mereka yang mengikuti cara hidup panggilan dan pelayanan di dalam Yesus, Maria, Yusuf Pelayanan Kasih (Blessed and Saints and the Nine Choirs of Angels) ini sentiasa mengikuti pesan Yesus Kristus agar Misi dan Visi kita dapat dicapai dengan berkat dan bantuan daripada Tuhan. Ini dapat mewujudkan kesatuan kepada semua umat manusia dan sekaligus membawa pesan Injil Tuhan kepada pertobatan hati dan mengakui akan Yesus Kristus sebagai Tuhan yang telah bangkit dari kematian. Saya memperingatkan kepada semua ahli agar berusaha untuk menilai kembali penerapan asas-asas umum pada situasi-situasi tertentu tentang kebudayaan yang belum saling mengenal atau akibat perubahan-perubahan yang cepat dalam masyarakat. Inilah yang saya fikirkan, renungkan dan doakan untuk semua orang, untuk semua lapisan masyarakat dan untuk keselamatan manusia di seluruh dunia.

Kita boleh belajar dan memahami bagaimana untuk mengenal hati nurani setiap orang yang mengekspresikan sejumlah tuntutan fundamental *(Rm 2: 12-16)*, yang telah diakui pada zaman kita melalui ekspresi kemasyarakatan mengenai hak asasi manusia yang hakiki. Dengan inilah kita kembali kepada kesatuan moralitas Kristiani yang didasarkan pada asas-asas yang tidak berubah yang telah terkandung dalam Kitab Suci, seperti yang dijelaskan oleh Tradisi Suci, dan kemudian disampaikan kepada setiap generasi oleh Magisterium Gereja

Katolik kita. Marilah kita mengingat semula penekanan-penekanan utama iaitu ajaran dan teladan Yesus Kristus, Putra Allah yang menyingkapkan hati Bapa-Nya, ajaranNya tentang kematian dan kebangkitanNya, dan kehidupan dalam Roh Kudus untuk GerejaNya, di dalam iman, harapan, dan kasih, sehingga kita dapat diperbarui menurut gambar Allah. Inilah yang saya ringkaskan mengenai panggilan hidup kita sebagai manusia, panggilan hidup kita sebagai Kristian Katolik dan seterusnya panggilan hidup kita sebagai Blessed and Saints. Jika kita berusaha seturut kemampuan kita sebagai manusia, kita mampu mewujudkan kesatuan iman dan persekutuan yang penting ini kerana apa yang kita laksanakan itu tidak menghalangi keberagaman panggilan dan pilihan peribadi dalam cara memahami misteri Kristus dan kehidupan. Walaupun hanya sedikit usaha yang kita lakukan itu berjaya, sekurang-kurangnya Misi dan Visi kita itu menghadirkan akan kewujudan Tuhan di dunia masa kini. Keperluan hidup bersama dan untuk semua orang, yang miskin dan yang kaya menjadikan kita semakin mencintai kehidupan dan belajar untuk memahaminya. Penghormatan terhadap autonomi *(Hak pemerintahan*[1] *atau berkuasa secara sendiri, tanpa kawalan pihak luar)* nilai-nilai kemanusiaan dan tanggung jawab yang sah dalam bidang ini membawa serta kemungkinan berbagai analisis dan pilihan mengenai masalah-masalah duniawi bagi orang-orang Kristen. Keragaman ini sesuai dengan ketaatan dan kasih yang total *(Gaudium et Spes*[2] *no 43)*.

Bagi mereka yang beragama Katolik, ingatlah akan Sabda Yesus Kristus tentang perutusanNya untuk membaptis dan perintahNya yang harus kita laksanakan *(Mat 28:19, Kis 1:8)*. Misi Universal ini adalah pertama dan para pengikut Yesus Kristus mengakui tugas mereka untuk menyampaikan iman mereka kepada semua orang. Saya ulangi kata-kata ini, adalah untuk semua orang dan semua manusia di dunia ini. Kita harus sedar mulai dari sekarang kerana universalisme Kristian bukanlah

---

1. *https://draft.blogger.com/u/1/blog/post/edit/5944887941936766601/876884455101653095*
2. *https://draft.blogger.com/u/1/blog/post/edit/5944887941936766601/876884455101653095*

dorongan untuk berkuasa tetapi pengetahuan yang menyelamatkan dan kasih penebusan dari Yesus Kristus. Misi dan Visi tidak dianggap sebagai perluasan untuk menggunakan kuasa tetapi sebagai penyampaian wajib tentang apa yang dimaksudkan untuk semua orang dan yang diperlukan oleh semua manusia di dunia ini. Oleh itu adalah perlu untuk kita hidup dalam komuniti untuk menjaga kesatuan iman Kristian. Ramai di antara kita tidak lagi melihat sejarah misi seluruh dunia sebagai sejarah penyebaran kebenaran dan cintakasih Allah yang membebaskan tetapi sebagai sejarah pengasingan dan pelanggaran. Ini dapat kita lihat apa yang terjadi di dunia pada masa kini. Ini bukanlah secara kebetulan tetapi terdapatnya unsur-unsur kekejaman serta penolakan iman terhadap Yesus Kristus. Kesedaran baru yang dinyatakan di sini menuntut orang Kristian mempertimbangkan secara radikal siapa mereka dan siapa bukan mereka, apa yang mereka percaya dan apa yang mereka tidak percaya, apa yang mereka perlu berikan dan apa yang bukan milik mereka untuk diberikan. Dalam keadaan seperti ini, saya berharap agar kita mencuba satu langkah yang baru dan sederhana untuk mempertimbangkan hak dan keupayaan iman Kristian untuk berkomunikasi dengan budaya lain, untuk mengasimilasikan mereka dan untuk menyampaikan dirinya kepada mereka. Inilah yang saya fikirkan, renungkan dan doakan untuk semua orang, untuk semua lapisan masyarakat dan untuk keselamatan manusia di seluruh dunia.

Pada asasnya, ini akan merangkumi semua soalan mengenai asas kewujudan Kristian iaitu, mengapa perlunya ada kepercayaan? Adakah kebenaran untuk manusia, kebenaran yang boleh digunakan dan dimiliki oleh semua orang, atau adakah kita ditakdirkan, melalui pelbagai simbol, hanya untuk melihat sekilas misteri yang tidak pernah benar-benar didedahkan kepada kita? Adakah bercakap tentang kebenaran iman adalah anggapan atau kewajipan? Persoalan-persoalan ini tidak boleh dihadapi secara langsung dan dibincangkan dalam keseluruhannya. Apa yang penting adalah kita perlu menyimpannya di dalam fikiran kita sebagai latar untuk perbincangan kita tentang iman dan budaya. Kadang kala amat sulit untuk dilakukan tetapi adalah baik dimulakan sekarang agar matlamat dan objektif tersebut dapat dicapai. Saya ingin membawa anda semua untuk mengenal apa itu budaya. Apakah itu budaya? Bagaimanakah ia berdiri dalam hubungannya dengan agama dan dengan cara apakah ia boleh berkait rapat dengan bentuk agama yang pada asalnya asing baginya? Pertama, kita mungkin perhatikan bahawa Eropah moden yang mula-mula menghasilkan konsep budaya di mana budaya muncul sebagai domainnya sendiri yang berbeza daripada, atau malah bertentangan dengan agama itu sendiri. Dalam semua budaya sejarah yang diketahui, agama adalah elemen penting budaya dan sememangnya ia adalah teras penentunya. Agamalah yang menentukan struktur nilai dan seterusnya membentuk logik dalamannya. Tetapi jika ini berlaku, pembudayaan iman Kristian dalam budaya lain kelihatan lebih sukar. Kerana adalah sukar untuk melihat bagaimana budaya, menghayati dan menghidupkan agama yang terjalin dengannya, boleh dipindahkan ke agama lain tanpa kedua-duanya akan rosak. Jika kita mengeluarkan dari suatu budaya agamanya sendiri yang melahirkannya, maka kita sebenarnya yang menjadikannya tidak baik.

Sekiranya kita kembali menanamkan di dalamnya hati yang baru iaitu hati Kristian, nampaknya tidak dapat dielakkan bahawa organisma yang tidak diperintahkan kepadanya akan menolak badan asing. Hasil positif keadaan itu sukar dibayangkan. Keadaan sedemikian hanya boleh masuk akal jika kepercayaan Kristian dan agama lain, bersama-sama dengan budaya yang hidup dari keadaan ini tidak mempunyai perbezaan yang nyata antara satu sama lain. Itu hanya masuk akal jika kita semua secara dalaman terbuka antara satu sama lain, atau dengan kata lain, jika kita secara semula jadi cenderung untuk mendekat dan bersatu. Oleh itu, inkulturasi mengandaikan potensi kesejagatan setiap budaya dan menganggap bahawa dalam semua budaya sifat manusia yang sama sedang bekerja. Kita perlu berani mencari kebenaran dan mencari kesatuan tentang keadaan manusia yang kekal dalam budaya. Ketidakadilan harus dielakkan terhadap budaya dan kecenderungan manusia sejagat juga perlu diperhatikan. Saya mulai memikirkan bahawa jika masalah ini tidak dikawal, ada kemungkinan kuasa budaya baru akan wujud. Ini boleh menjadikan kita semua berpecah belah dan saling tidak menghormati kepada agama dan budaya asal kita. Warisan dan tradisi dari nenek moyang kita akan lenyap di zaman moden ini. Oleh itu saya sebagai Pelayan Atasan Tertinggi berharap agar tanda budaya yang tinggi ialah keterbukaannya, keupayaannya untuk memberi dan menerima, kekuatannya untuk berkembang, untuk membenarkan dirinya disucikan dan menjadi lebih sesuai dengan kebenaran dan kepada manusia. Inilah yang saya fikirkan, renungkan dan doakan untuk semua orang, untuk semua lapisan masyarakat dan untuk keselamatan manusia di seluruh dunia.

Saya mahu agar kita kembali untuk mengenal tentang budaya disini. Budaya itu sebenarnya mempunyai kaitan dengan pengetahuan dan nilai. Ia adalah satu percubaan untuk memahami dunia dan kewujudan manusia di dunia, tetapi ia bukanlah percubaan dari jenis teori semata-mata. Sebaliknya ia diperintahkan untuk kepentingan asas kewujudan manusia. Pemahaman harus menunjukkan kepada kita bagaimana menjadi manusia, bagaimana manusia mengambil tempat yang sepatutnya di dunia ini dan bertindak balas terhadapnya untuk merealisasikan dirinya dalam pencarian kejayaan dan kebahagiaan. Kita sebagai individu harus yakin untuk memikirkan model bagaimana untuk memahami dunia dan kehidupan di mana kita berada sekarang. Manusia itu boleh berjaya hanya dengan orang lain. Maka persoalan ilmu yang betul adalah juga persoalan tentang pembentukan masyarakat yang betul. Oleh itu hidup berkomuniti adalah prasyarat untuk pemenuhan individu. Kita juga berhadapan dengan pengetahuan yang merangkumi dimensi nilai atau moral yang amat diperlukan. Kita mesti menambah sesuatu yang lain yang terbukti dengan sendirinya kepada dunia purba *(kehidupan yang dulu-dulu itu bah)*. Persoalan manusia dan dunia sentiasa mengandungi persoalan Tuhan yang dahulu dan sebenarnya asas. Seseorang tidak dapat memahami dunia atau hidup dengan baik jika persoalan ketuhanan tidak terjawab. Individu melampaui dirinya dalam budaya dan mendapati dirinya dibawa bersama dalam subjek sosial yang lebih besar yang pandangannya boleh dipinjam, diteruskan dan dikembangkan lebih jauh. Budaya sentiasa terikat kepada subjek sosial dan di satu pihak mengambil pengalaman individu dan di sisi lain membantu membentuknya. Dengan berbuat demikian, budaya menarik kepada kebijaksanaan *"orang purba"*, yang berdiri lebih dekat kepada tuhan; mereka merayu kepada tradisi primordial yang mempunyai sifat wahyu, iaitu, ia tidak berpunca daripada penyelidikan dan pertimbangan manusia tetapi daripada hubungan asli dengan asas segala sesuatu. Dalam erti kata lain, budaya menarik kepada komunikasi daripada ilahi. Krisis budaya berlaku apabila budaya itu tidak lagi mampu membawa warisan dari nenek moyang dan ke dalam hubungan yang menyakinkan kepada pengetahuan baru yang kritikal.

Dalam kes sedemikian, kebenaran yang diwarisi menjadi dipersoalkan kerana apa yang dahulunya kebenaran menjadi kebiasaan dan kehilangan daya hidup. Jika ini terjadi, mampukah kita mengembalikan identiti dan corak hidup masyarakat? Kita perlu bergerak ke hadapan kerana budaya juga mempunyai kaitan dengan sejarah. Dalam perjalanannya melalui masa, budaya berkembang melalui pertemuannya dengan realiti baharu dan kedatangan pandangan baharu. Ini melibatkan arus perubahan ke arah perpaduan. Dan kesejahteraan budaya bermakna keupayaannya untuk maju. Dan ini bergantung kepada keupayaannya untuk bersikap terbuka dan membenarkan transformasi melalui pertemuan. Apa yang penting sekarang adalah seseorang boleh membezakan antara budaya dan sejarah. Budaya purba dikatakan menggambarkan misteri kosmos seperti biasa, manakala dunia budaya Judaeo-Kristian, khususnya, memahami jalan dengan Tuhan sebagai sejarah. Oleh itu, sejarah adalah asas kepadanya. Pembezaan sedemikian antara budaya statik dan dinamik pada tahap tertentu agak betul, tetapi ia tidak menceritakan keseluruhan kisah kerana budaya yang diarahkan secara kosmik menunjukkan kematian dan kelahiran semula yang menjadikan manusia sebagai jalannya. Sebagai orang Kristian, adakah kita juga mengenal tanda-tanda seperti ini di kawasan kita masing-masing? Kita juga boleh mengatakan bahawa keterikatan budaya kepada keperibadian budaya, kepada ekspresi budaya tertentu, adalah asas kepada kepelbagaian budaya dan ciri-ciri masing-masing. Sebaliknya, kita boleh memastikan bahawa kesejarahan budaya, pergerakannya dalam dan melalui masa, merangkumi keterbukaannya. Budaya individu tidak hanya menjalani pengalaman sendiri tentang Tuhan, dunia dan manusia. Sebaliknya, secara terpaksa individu itu bertemu dalam perjalanannya dan mesti menyesuaikan diri dengan budaya lain dengan pengalaman mereka yang biasanya berbeza. Oleh itu, sejauh mana ia terbuka atau tertutup, secara dalaman luas atau sempit, budaya datang untuk mendalami dan memperhalusi pandangan dan nilainya sendiri. Transformasi yang berjaya dijelaskan oleh potensi kesejagatan semua budaya yang dibuat konkrit dalam asimilasi budaya tertentu terhadap yang lain dan transformasi dalamannya sendiri. Prosedur sedemikian bahkan boleh membawa kepada penyelesaian pengasingan terpendam manusia daripada kebenaran dan dirinya sendiri yang mungkin disimpan oleh budaya. Hanya jika semua budaya berpotensi universal dan terbuka antara satu sama lain, maka budaya tersebut boleh membawa kepada bentuk baru yang berkembang pesat.

Pertemuan budaya adalah mungkin kerana manusia, walaupun semua perbezaan sejarah dan bentuk sosialnya, tetap satu dan makhluk yang sama. Manusia yang satu ini, bagaimanapun, sendiri tersentuh dalam kedalaman kewujudannya oleh kebenaran. Keterbukaan asas setiap orang kepada yang lain hanya dapat dijelaskan oleh fakta tersembunyi bahawa jiwa kita telah disentuh oleh kebenaran. Dan ini menjelaskan perjanjian penting yang wujud walaupun di antara budaya yang paling jauh dari satu sama lain. Sebaliknya, kepelbagaian yang membawa kepada pengasingan boleh diambil kira oleh keterbatasan semangat manusia. Untuk menjadi utuh dan kuat, semua orang memerlukan satu sama lain. Manusia menghampiri kesatuan dan keutuhan makhluknya hanya dalam timbal balik semua pencapaian budaya yang sihat. Kesejagatan budaya yang berpotensi berulang kali menghadapi halangan yang hampir tidak dapat diatasi apabila kita cuba menterjemahkannya ke dalam kesejagatan praktikal, kerana ia bukan sahaja persoalan kuasa dinamik apa yang kita kongsi bersama. Kita juga harus mempertimbangkan unsur pemisahan, halangan dan percanggahan, kemustahilan untuk menyeberang kerana perairan pemisah terlalu dalam. Walau bagaimanapun, kita juga menyedari bahawa terdapat juga faktor negatif dalam kewujudan manusia iaitu pengasingan yang menghalang pengetahuan dan memutuskan manusia sekurang-kurangnya sebahagian daripada kebenaran dan dengan itu antara satu sama lain. Dalam faktor pengasingan yang tidak dapat dinafikan ini terletak kemiskinan usaha kita untuk mempromosikan pertemuan budaya. Apa yang saya maksudkan disini adalah kelemahan kita untuk mencari jalan penyelesaian. Sedangkan jika kita bersandar kepada Tuhan, kebijaksaan dan pengetahuan yang datang daripada Tuhan dapat membantu kita untuk mengambil jalan yang lain agar budaya masyarakat untuk semua orang mencapai matlamatnya. Walaupun kita mungkin menyimpulkan daripada fakta ini bahawa adalah salah untuk menuduh semua agama dunia sebagai penyembahan berhala, adalah tidak betul untuk menganggap semua agama hanya secara positif. Ini kita harus akui kerana kelemahan manusia adalah kecenderungan untuk bersikap sombong dan berdosa. Kegelapan ini memalsukan tindakan kita dan menjadikan kita terasing daripada Tuhan.

Oleh itu kita mesti menyatakan bahawa iman itu sendiri adalah budaya. Iman juga menjelaskan manusia siapa dirinya dan bagaimana dia harus mula menjadi manusia, iman mencipta budaya; iman itu sendiri adalah budaya. Perkataan iman bukanlah abstraks tetapi maksudnya adalah sesuatu yang telah matang melalui sejarah yang panjang dan melalui percampuran antara budaya di mana ia membentuk keseluruhan struktur kehidupan, interaksi manusia dengan dirinya, jirannya, dunia dan Tuhan. Ini juga bermakna bahawa iman adalah subjeknya sendiri, komuniti yang hidup dan budaya yang kita panggil sebagai "Umat Allah". Kita mungkin tidak lupa bahawa agama Kristian yang sudah ada dalam Perjanjian Baru membuahkan hasil dari keseluruhan sejarah budaya, sejarah penerimaan dan penolakan, pertemuan dan perubahan. Tentang hal ini saya cukup yakin bahawa kita semua sudah belajar tentang ciri-ciri dan maksud tentang agama yang kita percayai. Umat katolik sepatutnya bertekun di dalam pembacaan dan refleksi apa yang telah disampaikan oleh Magisterium Gereja Katolik mengenai Tradisi Suci, Katekismus Gereja Katolik, Dogma, Alkitab Katolik, ajaran-ajaran serta perintah yang telah ditetapkan oleh Gereja Katolik Roma kita. Ini bertujuan agar kita didorong untuk berdoa dan melakukan doa renungan yang melibatkan kepada doa meditasi dan kontemplasi. Jika ini dilakukan dengan cara yang betul, kita sebenarnya dalam doa discerment yang betul dan tidak salah (perbedaan roh-roh). Iman juga bukanlah cara peribadi kepada Tuhan tetapi iman membawa kepada Umat Tuhan dan sejarahNya. Tuhan mengikat diriNya dengan sejarah yang kini juga milikNya dan sejarah yang tidak boleh kita tolak. Kristus tetap sungguh-sungguh manusia dalam kekekalan dan Yesus memelihara tubuhNya dalam kekekalan. Menjadi manusia dan tubuh tidak dapat tidak termasuk sejarah dan budaya, sejarah dan budaya yang agak khusus, sama ada kita suka atau tidak. Kita tidak boleh mengulangi peristiwa penjelmaan untuk menyesuaikan diri kita dalam erti kata mengambil daging Kristus dan menawarkan yang lain. Kristus tetap sendiri, memang menurut tubuhNya. Selain daripada penjelasan ini, saya menasihatkan agar kita tidak mudah terpengaruh tentang ajaran-ajaran yang mengelirukan Iman Katolik kita. Jika terdapatnya pertentangan adalah baik untuk tidak mendengar dan menerima ajaran tersebut. Saya sebagai Pelayan Atasan Tertinggi bertegas dalam soal seperti ini.

Tetapi Yesus Kristus menarik kita kepada diriNya sendiri. Ini bermakna, oleh kerana Umat Tuhan bukanlah entiti budaya tertentu tetapi telah diambil daripada semua orang, oleh itu identiti budaya pertamanya, yang bangkit dari pecahnya, mendapat tempatnya. Identiti pertama ini diperlukan untuk membolehkan penjelmaan Kristus, penjelmaan Logos, mencapai kepenuhannya. Ketegangan dari banyak subjek dalam satu subjek pada dasarnya adalah milik drama penjelmaan Putra Allah yang belum selesai. Ketegangan ini adalah kedinamikan dalaman sebenar sejarah dan hal ini pasti sentiasa berada di bawah tanda salib iaitu sentiasa perlu berdepan dengan tekanan balas daripada sikap rapat dan penolakan. Situasi ini mengajak kita untuk menilai pada diri kita sendiri dan apakah tindakan kita selanjutnya. Oleh yang demikian misteri Yesus Kristus hanya perlu difahami dalam konteks ajaran dan perintahNya serta tindakan perbuatanNya yang telah dilakukannya. Yesus tidak memansuhkan Perjanjian Lama tetapi telah menggenapinya. Jika kita meneruskan pengertian ini ke arah pencarian antara budaya untuk petunjuk kepada satu kebenaran umum, kita akan menemui sesuatu yang tidak dijangka. Unsur-unsur agama Kristian mempunyai persamaan dengan budaya purba umat manusia dan ini dapat kita ketahui melalui sejarah dan dunianya. Dan untuk pengetahuan tentang manusia yang bergantung sepenuhnya kepada Tuhan, pengetahuan tentang dosa, pertobatan dan pengampunan, pengetahuan tentang persekutuan dengan Tuhan dan kehidupan kekal, dan akhirnya pengetahuan tentang ajaran moral asas seperti yang telah dibentuk dalam Sepuluh Hukum, semua pengetahuan ini meresap ke dalam budaya. Ia bukan relativisme yang disahkan. Sebaliknya semua ini adalah kesatuan keadaan manusia, kesatuan manusia yang telah disentuh oleh kebenaran yang lebih besar daripada dirinya. Inilah yang boleh menyelamatkan untuk semua orang, untuk semua lapisan masyarakat dan untuk keselamatan manusia di seluruh dunia.

Akhir kata dari saya;

Janganlah takut dan menyerah kalah untuk berdoa dan bertekunlah di dalam doa. Tuhan itu baik dan panjang kasih setianya. Tuhan itu selalu mendengarkan doa-doa kita. Hanya Tuhan sahaja yang boleh memberikan pengertian tentang hidup ini. Di masa kita masih anak kecil, kita dibesarkan oleh kedua ibubapa kita. Dan sebagai anak kecil, kita mengharapkan bantuan dari ibubapa kita untuk memberikan kita makanan dan minuman. Dan anak kecil itu hanya tahu minta itu dan ini kerana percaya bahawa permintaannya pasti diberikan. Namun sebagai ibubapa adakah kita sedar bahawa Tuhan telah menjawab doa-doa kita semua? Di usia yang muda remaja, kita saling mengenali di antara satu sama yang lain. Ini membawa kepada perasaan cintakasih dan sayang. Kemudian timbul di dalam hati untuk berkenalan secara lebih erat lagi. Kemudian pasangan tersebut mulai memikirkan masa depan bersama dengan membuat komitment masing-masing. Di dalam proses inilah kita mulai berdoa dan tanpa kita sedari kita mulai memikirkan hal-hal yang baik. Kita yang melihat anak kecil itu juga mengharapkan agar pada suatu hari nanti anak-anak kita akan membesar dengan baik dan selamat. Dan tanpa kita sedari kita sebenarnya berdoa untuk anak-anak kita. Dan Tuhan telah menjawab doa-doa kita. Dalam tahap ini mungkin kita tidak sedar bahawa Tuhan telah berkarya di dalam doa-doa kita. Dari anak kecil sampailah usia remaja, anak-anak kita membesar dengan baik walaupun pada masa tertentu ada yang sakit dan tenat. Namun Tuhan telah mendengarkan doa kita semua kerana tanggungjawab kita sebagai ibubapa telah berhasil walaupun terpaksa melalui pelbagai kesukaran dan rintangan di dalam hidup. Ada juga masa tertentu kita merasa sakit seperti anak-anak kita, tetapi kerana ketabahan untuk membesarkan anak-anak kita, akhirnya sakit itu hilang juga kerana melihat anak-anak kita gembira setiap kali kita pulang dari kerja. Dan Tuhan telah menjawab doa-doa kita. Kita berdoa agar anak-anak kita cepat sembuh tetapi Tuhan berkenan akan doa-doa kita sendiri dan akhirnya menyembuhkan kita semula agar dapat melakukan tanggugjawab kita setiap hari. Di saat kita mahu melahirkan anak-anak kita, kita menghabiskan masa untuk berehat di hospital mahupun di tempat lain. Ini bertujuan agar kita ada persiapan dan dalam keadaan bersiap sedia untuk melahirkan bayi. Waktu itu kita mengharapkan sesuatu yang baik. Bayi telah dilahirkan dan kita merasa gembira oleh peristiwa ini.

Inilah doa-doa kita semua. Tuhan tidak membiarkan manusia itu bersendirian di dalam doa. Walau sekecil manapun doa dari hati kita, Roh Kudus akan membantu kita di dalam doa seperti ini. Kesedihan, kesengsaraan, kegembiraan, ketakutan dan kegelisahan yang kita alami ini adalah kehidupan kita sebagai manusia biasa. Tetapi di dalam hal-hal seperti ini, Tuhan tetap mendengarkan doa-doa kita semua. Lihatlah kehidupan Para Orang Kudus kita semua. Mereka telah mendahului kita semua di Syurga. Hanya kita yang masih di dunia ini harus belajar dan memahami bahawa doa-doa kita itu telah dijawab oleh Tuhan. Jikalau kita pernah berdoa bertahun-tahun lamanya tetapi permohonan kita tidak dijawab oleh Tuhan, pemikiran seperti ini adalah salah. Cubalah mengimbas kembali kenapa kita semua sejak dari anak kecil sampailah kita berkhawin ada sesuatu perkara yang baik telah terjadi. Kita hanya memikirkan suatu perkara di dalam doa tetapi Tuhan lebih memikirkan keadaan kita sebagai manusia. Itulah sebabnya Yesus Kristus lahir di dunia untuk menjadi sama seperti kita manusia, agar dengan mengambil cara sedemikian, kita boleh mengerti akan kasih Allah kepada kita semua. Di saat dalam keadaan sakit tenat dan kematian, kita didoakan melalui Sakramen Pengurapan Orang Sakit. Orang ramai datang melawat dan mendoakan kita. Dan tanpa kita sedari Tuhan telah menjawab doa-doa kita. Kita berdoa bagi diri kita sendiri agar dosa-dosa kita diampuni oleh Tuhan tetapi oleh kerana belaskasihan, pengampunan dan cintakasihNya kepada kita semua, Tuhan memanggil kita semua untuk kembali ke Syurga. Inilah doa-doa kita yang telah dijawab oleh Tuhan. Inilah doa Yesus untuk semua orang, untuk semua lapisan masyarakat dan untuk keselamatan manusia di seluruh dunia. Ingatlah pesan Injil Tuhan ini dan barangsiapa menentang Roh Kudus, dosa-dosanya tidak akan diampuni.

Di dalam Injil-Injil Yesus Kristus, banyak kesembuhan dan mukjizat telah terjadi. Terjadinya pengusiran roh-roh jahat. Doa-doa telah dikabulkan oleh Tuhan. Yang miskin dikuatkan kembali dan yang menderita dipulihkan semula dan yang tersesat telah diselamatkan. Yang berdosa telah diampuni dan yang dalam kesedihan menjadi gembira kerana kehadiran Yesus di tengah-tengah mereka *(Alkitab Gereja Katolik Roma).* Ini menjelaskan kedudukan Yesus sebagai Tuhan yang telah datang untuk mencari domba-dombaNya yang sesat dan berdosa agar memperolehi keselamatan dan kehidupan yang kekal. Penyelamatan Yesus ini adalah secara total, baik dari segi fizikal, jasmani dan rohani. Kehidupan yang kita lalui bersama ini bukanlah yang kita rancangkan tetapi adalah anugerah dari Allah Bapa di Syurga. Tuhan memberikan kepada kita kesempatan pada hari ini untuk menilai dan memahami bahawa kehidupan yang kita miliki ini adalah untuk semua orang, untuk semua lapisan masyarakat dan untuk keselamatan manusia di seluruh dunia. Tetapi adakah pesta Kaamatan pada tahun-tahun yang lalu itu kita benar-benar melaksanakannya dengan baik atau membiarkan begitu sahaja sehingga tidak menyedari bahawa Tuhan masih mahu bersama dengan kita setiap hari? Dengan pengertian tanda-tanda zaman ini, saya menutup perkongsian saya ini dengan doa dan berkat dari Allah Bapa di Syurga, agar kehidupan kita ini semakin menyerupai dan menjadi seperti Yesus difikiran, perkataan dan perbuatanNya. Inilah Pesta Kaamatan pada tahun ini 2025 dan di masa hadapan untuk tahun-tahun yang seterusnya. Penyelamatan Yesus Kristus ini adalah untuk semua orang, untuk semua lapisan masyarakat dan untuk keselamatan manusia di seluruh dunia, pada hari ini, kelmarin, untuk hari esok dan untuk selama-lamanya.

RUJUKAN:

Blessed and Saints and The Nine Choirs of Angels (19th May 2024 Ahad)

Saudara dan saudari yang saya kasihi dalam nama Tuhan Yesus Kristus,

Jika kita mengimbas kembali Perayaan Pesta Kaamatan Peringkat Keuskupan Agung Kota Kinabalu kali ke-19, 3hb - 4hb Mei 2023 yang bertemakan "Manampasi Koubasanan Notinagas Doid Suang Paganakan Montok Popotihombus Do Tuduvan Dii Kristus" dan Pesta Kaamatan tahun 2023 yang bertemakan: "Kaamatan Membudayakan Perpaduan", "Kaamatan Enculturates Unity", "Kaamatan Mongubasanan Pisompuruan" ini kita boleh menilai sendiri sejauh manakah tema ini berhasil ataupun tidak. Syukur kepada Tuhan kerana dengan kehadiran dan kasih-Nya kita semua mampu meneruskan Pesta Kaamatan untuk tahun 2024 ini. Saya ingin mengulangi sedikit beberapa perkongsian saya disini tentang renungan saya pada tahun lepas dengan kata-kata ini. Ini memperingatkan saya secara peribadi adakah saya juga melakukan kehendak Tuhan ataupun tidak menyedari kehadiran-Nya yang hadir dalam setiap aspek kehidupan sesama kita.

Tuhan memanggil kita untuk bersaksi tentang panggilanNya iaitu untuk memulihara, melindungi dan menjaga alam semula jadi di zaman moden kita ini serta di masa hadapan yang akan datang. Marilah kita mengimbas kembali peranan kita sebagai anak-anak Allah Bapa kita di Syurga adakah pelayanan dan tanggungjawab kita untuk mengekalkan alam sekitar ini dapat melindungi spesies daripada kepupusan, mengekalkan dan memulihkan habitat, meningkatkan perkhidmatan ekosistem dan melindungi kepelbagaian biologi. Jika pada hari ini kita sedar bahawa segala urusan dan aktiviti kita ini masih belum tercapai, ini bermaksud dan tandanya bahawa Tuhan memanggil kita untuk bertobat dan kembali kepadaNya kerana segala perancangan yang kita lakukan berdasarkan ideologi dan kehendak kita sendiri dan bukan menurut kehendakNya. Ini bukan sahaja teguran dari Tuhan tetapi adalah kesempatan bagi kita untuk mendengarkan suaraNya kembali dan meninggalkan populariti dan pengaruh duniawi yang telah menggunakan bakat serta karunia Tuhan yang ada pada diri kita masing-masing. Lihatlah apa yang telah terjadi sekarang di sekeliling kita semua dan ambillah kesempatan yang ada pada saat ini untuk memohon pengampunan dan belaskasihan daripada Tuhan. Tanda harapan yang pertama adalah keinginan akan perdamaian di dunia kita masa kini dan itulah sebabnya mengapa Pope Francis telah menetapkan bahawa tahun 2024 adalah "Year of Prayer" sebagai persediaan untuk Tahun Jubli 2025 Jubilee Year 'Pilgrims of Hope'. Terdapat tumpuan khusus pada doa Bapa Kami. Dan ini memberi kita semua kesempatan untuk merenungkan kembali tujuan dan mengapa kita perlu hidup sebagai Roman Katolik dan kemudian kembali kepada asas-asas doa tersebut, di atas bumi seperti di dalam Syurga.

Sepanjang tahun ini 2024, segala usaha telah dilakukan untuk membolehkan Umat Tuhan mengambil bahagian sepenuhnya dalam pengisytiharan pengharapan akan rahmat Tuhan dan dalam tanda-tanda yang membuktikan keberkesanannya. Apapun usaha yang telah kita lakukan semua ini bergantung daripada bantuan dari Tuhan itu sendiri. Itulah sebabnya ada beberapa peristiwa yang berlaku di tempat kita masing-masing dan di dunia pada masa kini masih berhadapan akan krisis makanan dan kebuluran. Disebabkan kejadian seperti ini manusia di dunia ini menderita sehinggga menjadi sakit kerana mengalami krisis kelaparan dan haus. Dan disebabkan tiada sumber ubat-ubatan yang mencukupi terjadinya kematian. Selaras dengan tema Kaamatan 2024 iaitu, "Kaamatan, Melangkaui Keterjaminan Makanan" atau dalam bahasa kadazan-dusunnya, "Kaamatan, Poingalib Kohimaganan Taakanon""" Kaamatan Beyond Food Security", saya sangat senang menerima untuk memberikan sedikit renungan akan panggilan Tuhan untuk kita semua. Makanan merupakan keperluan untuk hidup kita dan keterjaminan makanan dapat dikekalkan jika kita kembali kepada Tuhan yang telah menyediakan, memelihara, memulihara serta memberikan sumber makanan ini untuk kita semua agar golongan miskin dan terabai dapat melihat kebaikan Tuhan di dalam perbuatan amal kasih kita. Sumber ciptaan alam semulajadi merupakan pemberian kasih Allah untuk kita semua. Secara tidak langsung ada kemungkinan kita yang tidak peka dan mendengar akan dorongon dari Roh Kudus ini. Jika hari ini kita mendengarkan suara Tuhan, jangan keraskan hatimu. Bertobatlah dan percayalah kepada Injil.

Saya yakin dan semangat yang sama tentang tema Pesta Kaamatan tahun 2024 ini iaitu "Kaamatan, Melangkaui Keterjaminan Makanan" atau dalam bahasa kadazan-dusunnya, "Kaamatan, Poingalib Kohimaganan Taakanon"," Kaamatan Beyond Food Security". Keputusan yang diambil untuk tema kali ini merupakan hasrat bersama kita semua untuk memenangi pertempuran melawan kelaparan dan kekurangan zat makanan di dunia secepat yang mungkin lebih-lebih lagi di dalam komuniti kita masing-masing. Marilah kita melihat apa yang sedang berlaku di tempat lain. Masyarakat antarabangsa kini sedang menghadapi krisis ekonomi dan kewangan yang teruk. Perangkaan menjadi saksi kepada pertumbuhan dramatik dalam bilangan orang yang menderita kelaparan, dan kemudian diburukkan lagi dengan kenaikan harga bahan makanan, pengurangan sumber ekonomi yang tersedia untuk golongan termiskin, dan akses terhad mereka kepada pasaran dan makanan. Dan semua ini diketahui oleh lapisan masyarakat. Hakikatnya bahawa dunia mempunyai makanan yang cukup untuk semua penduduknya. Malah, walaupun tahap pengeluaran pertanian yang rendah berterusan di beberapa wilayah, sebahagiannya disebabkan oleh perubahan iklim, makanan yang mencukupi dihasilkan pada skala global untuk memenuhi kedua-dua permintaan semasa dan pada masa hadapan yang boleh dijangka. Daripada data dan maklumat ini, kita boleh menyimpulkan bahawa tidak ada hubungan sebab dan akibat antara pertumbuhan penduduk dan kelaparan, dan ini ditunjukkan lagi oleh pemusnahan bahan makanan yang menyedihkan untuk keuntungan ekonomi.

Jika kita baca apa yang tertulis di dalam Encyclical Letter Caritas in Veritate I, telah menegaskan bahawa, "Kelaparan tidak terlalu bergantung pada kekurangan benda material seperti kekurangan sumber sosial, yang paling penting adalah institusi. Apa yang hilang, dalam erti kata lain, adalah rangkaian institusi ekonomi yang mampu menjamin akses tetap kepada makanan dan air yang mencukupi, dan juga mampu menangani keperluan utama dan keperluan berikutan daripada krisis makanan tulen". Ini bermaksud "masalah makanan ketidakamanan perlu ditangani dalam perspektif jangka panjang, menghapuskan punca struktur yang menimbulkannya dan menggalakkan pembangunan pertanian negara-negara miskin. Ini boleh dilakukan dengan melabur dalam infrastruktur luar bandar, sistem pengairan, pengangkutan, organisasi pasaran, dan dalam pembangunan dan penyebaran teknologi pertanian yang boleh menggunakan sebaik mungkin sumber manusia, semula jadi dan sosio-ekonomi yang lebih mudah didapati di peringkat tempatan, sambil menjamin kemampanan mereka dalam jangka panjang juga" (no. 27). Oleh itu, keperluan untuk menentang bentuk bantuan yang merosakkan sektor pertanian, pendekatan pengeluaran makanan yang menjurus semata-mata ke arah penggunaan dan tidak mempunyai perspektif yang lebih luas, dan terutamanya golongan tamaha@tamak ini bah yang menyebabkan spekulasi muncul walaupun dalam pemasaran seperti bijirin, seolah-olah makanan akan diperlakukan sama seperti komoditi lain.

Disini terdapatnya kelemahan mekanisme semasa untuk keselamatan makanan dan keperluan seperti ini perlu dikaji dari masa ke semasa. Ini perlu bukan sahaja untuk hari ini tetapi di masa yang akan datang. Walaupun negara-negara termiskin lebih terintegrasi sepenuhnya ke dalam ekonomi dunia berbanding sebelum ini, pergerakan dalam pasaran antarabangsa menjadikan mereka lebih terdedah dan memaksa mereka untuk mendapatkan bantuan institusi antara kerajaan yang tidak syak lagi melakukan kerja yang bernilai dan sangat diperlukan. Konsep kerjasama, walau bagaimanapun, mestilah konsisten dengan prinsip subsidiariti iaitu adalah perlu untuk melibatkan komuniti tempatan@orang-orang kampungan kita bah dalam pilihan dan keputusan yang mempengaruhi penggunaan tanah pertanian. Ini kerana pembangunan insan yang bersepadu memerlukan pilihan yang bertanggungjawab di pihak semua orang dan ia menuntut sikap perpaduan. Tetapi apa yang perlu kita pertimbangkan semula adalah bantuan bencana tidak boleh dilihat sebagai peluang untuk mempromosikan kepentingan mereka yang menyediakan sumber atau kumpulan elit di kalangan benefisiari. Berkenaan dengan negara yang memerlukan sokongan luar, masyarakat antarabangsa mempunyai kewajipan untuk membantu dengan menggunakan saluran kerjasama, memikul tanggungjawab kolektif untuk pembangunan mereka. Secara tidak langsung terjalinnya perpaduan di antara pihak yang terbabit, kehadiran dalam pertemuan merapatkan lagi semangat tolong menolong dan latihan penyeliaan yang disediakan dapat dilakukan bersama. Dalam konteks keseluruhan tanggungjawab ini, setiap negara mempunyai hak untuk menentukan model ekonominya sendiri, mengambil langkah untuk menjamin kebebasannya memilih objektifnya sendiri. Dengan cara ini, kerjasama mesti menjadi instrumen yang berkesan dan tidak berpegang kepada kepentingan yang boleh menyerap sebahagian daripada sumber yang ditakdirkan untuk pembangunan.

Selain itu adalah penting untuk ditegaskan bahawa sikap perpaduan berhubung pembangunan negara miskin juga berpotensi untuk menyumbang kepada penyelesaian krisis global semasa. Sokongan yang diberikan kepada negara-negara ini melalui rancangan kewangan yang diilhamkan oleh perpaduan, membolehkan mereka menyediakan keperluan penggunaan dan pembangunan mereka sendiri, bukan sahaja memihak kepada pertumbuhan ekonomi dalaman mereka, tetapi boleh memberi kesan positif ke atas pembangunan insan yang penting di negara lain. Salah satu halangan dan cabaran yang sering terjadi adalah perang yang membabitkan kemusnahan harta benda, kematian, kelaparan dan haus. Dalam keadaan semasa terdapat jurang perbezaan yang berterusan dalam tahap pembangunan di kalangan negara yang membawa kepada ketidakstabilan di banyak bahagian dunia. Ini kita perlu teliti kembali kerana adanya perbezaan antara kemiskinan dan kekayaan. Ini tidak lagi terpakai hanya untuk model pembangunan tetapi juga kepada persepsi yang semakin meluas mengenai ketidakamanan makanan, iaitu kecenderungan untuk melihat kelaparan sebagai struktur, sebahagian daripada situasi sosio-politik negara-negara yang paling lemah, masalah penyesalan yang meletak jawatan, dan kemudian jika tidak langsung tidak peduli lagi. Ini sepatutnya tidak perlu terjadi hanya disebabkan kelemahan dan kekurangan kita sebagai manusia biasa. Boleh jadi kita sering mengalah kerana berhadapan situasi seperti ini. Untuk memerangi dan menakluki kelaparan adalah penting untuk mula mentakrifkan semula konsep dan prinsip yang telah mengawal hubungan antarabangsa dari dulu sampailah sekarang ini. Kita perlu bangkit semula dan memberikan perhatian dan tindak balas terhadap keperluan golongan termiskin. Tindak balas mesti dicari bukan dalam aspek teknikal kerjasama tetapi dalam prinsip yang ada di belakangnya: hanya atas nama keahlian bersama keluarga manusia di seluruh dunia boleh setiap orang bah dan oleh itu setiap negara diminta untuk mengamalkan perpaduan iaitu untuk memikul beban tanggungjawab konkrit dalam memenuhi keperluan orang lain supaya memihak kepada perkongsian barangan makanan yang tulen berasaskan kasih sayang serta cintakasih.

Walau bagaimanapun perpaduan manusia yang diilhamkan oleh cintakasih Tuhan adalah untuk mengasihi dan memberi, untuk menawarkan apa yang menjadi milikku kepada yang lain. Berdasarkan kewujudan dan perbuatan seperti ini, kita sesungguhnya telah memberi apa yang menjadi milik kita tanpa mengharapkan balasan dan hormat. Jika matlamatnya adalah untuk menghapuskan kelaparan, tindakan antarabangsa diperlukan bukan sahaja untuk menggalakkan pertumbuhan ekonomi dan kestabilan politik yang seimbang dan teratur tetapi juga untuk mencari kaedah yang baru dan berkesan. Kita boleh melihat kembali perundangan dan ekonomi yang telah dilaksanakan sebelum ini. Kita perlu yakin bahawa usaha kerja keras kita selama ini mampu memberi inspirasi kepada tahap kerjasama yang diperlukan untuk membina hubungan baik di kalangan kita semua khususnya antara negara pada peringkat pembangunan yang berbeza. Kita tidak perlu ada rasa bersalah walaupun terdapatnya kegagalan segala usaha kita sejak dari dulu lagi. Apa yang penting sekarang adalah kita juga mampu menutup jurang yang sedia ada dan memihak kepada kapasiti setiap orang untuk menganggap dirinya sebagai golongan yang di jaga dan di beri makanan. Kita perlu renungkan kembali bahawa asas semua orang adalah berakar umbi dari asal usul keluarga manusia. Sumber prinsip-prinsip tersebut dan undang-undang semula jadi yang sedia ada boleh memberikan inspirasi kepada pilihan dan pendekatan politik, perundangan dan ekonomi dalam kehidupan antarabangsa pada masa kini.

Marilah kita membaca dan merenungkan kembali apa yang dikatakan oleh Santo Paulus ini yang berbicara dengan fasih mengenai hal ini, "Sebab kamu dibebani bukanlah supaya orang-orang lain mendapat keringanan, tetapi supaya ada keseimbangan. Maka hendaklah sekarang ini kelebihan kamu mencukupkan kekurangan mereka, agar kelebihan mereka kemudian mencukupkan kekurangan kamu, supaya ada keseimbangan. Seperti ada tertulis; Orang yang mengumpulkan banyak, tidak kelebihan dan orang yang mengumpulkan sedikit, tidak kekurangan." (2 Kor 8:13-15). Untuk memerangi kelaparan dan menggalakkan pembangunan insan yang integral adalah perlu untuk memahami keperluan dunia luar bandar@kampungan bah dan begitu juga untuk memastikan bahawa sebarang penurunan dalam sokongan penderma tidak menimbulkan ketidakpastian dalam pembiayaan aktiviti kerjasama. Sebarang kecenderungan ke arah pandangan yang salah tentang dunia luar bandar sebagai perkara yang mempunyai kepentingan sekunder mesti dielakkan. Pada masa yang sama tujuan kepada pasaran antarabangsa mesti diutamakan untuk produk yang datang dari kawasan termiskin yang kini sering diturunkan kepada margin. Untuk mencapai objektif ini adalah perlu untuk memisahkan peraturan perdagangan antarabangsa daripada logik keuntungan yang dilihat sebagai tujuan itu sendiri. Sokongan inisiatif ekonomi amat perlu agar negara-negara yang mengalami krisis kelaparan ini akan dapat maju ke arah sara diri yang membawa kepada jaminan makanan. Walaupun cara dan kaedah ini ternyata berat dan susah dilaksanakan, kita tidak perlu mengalah pada peringkat awal. Misi dan Visi yang telah direalisasikan sebelum ini perlu dilakukan bersama agar kepentingan golongan miskin yang lapar dan haus ini terjamin di masa yang akan datang. Kita juga perlu peka akan perubahan masa dan situasi kehidupan manusia dari masa ke semasa. Kita perlu keluar dari rasa selesa zon bebas kehidupan kita. Ini perlu agar dengan cara perbuatan dan tindakan kehadiran kita di tengah masyarakat, kita sendiri tahu apa puncanya akar masalah tersebut terjadi.

Hak asasi individu juga tidak boleh dilupakan yang termasuk sudah tentu hak untuk mendapatkan makanan yang mencukupi, sihat dan berkhasiat, dan begitu juga air; hak ini mengambil peranan penting dalam merealisasikan orang lain, bermula dengan yang utama, hak untuk hidup. Oleh itu adalah perlu untuk memupuk "hati nurani awam yang menganggap makanan dan akses kepada air sebagai hak universal semua manusia, tanpa perbezaan atau diskriminasi" (Caritas in Veritate, 27). Saya percaya banyak yang telah dicapai dengan sabar dalam beberapa tahun kebelakangan ini. Teruskan dan berharaplah kepada Tuhan kerana hanya Dialah satu-satunya sumber pengharapan kita. Kita tidak perlu untuk menjadi sempurna jika kita ingin memulakan sesuatu pelayanan. Kita tidak perlu untuk menguasai pelbagai aspek kehidupan manusia jika kita ingin memulakan sesuatu perkara yang baik. Kita tidak perlu menguasai pelbagai jenis kemahiran yang ada jika kita ingin mengunakan bakat semulajadi kita. Tetapi kita perlu tahu apa kelemahan dan kekurangan kita sebagai manusia biasa. Latihan dan pengetahuan yang kita perolehi adalah untuk seumur hidup yang perlu kita laksanakan dan praktikkan sesuai dengan kemahiran dan kebolehan yang ada pada kita. Walaupun kita berpendidikan rendah, masyarakat akan tahu bahawa pemimpin seperti ini adalah seorang gembala yang baik yang mampu menjaga kawanan domba-dombanya.

Sebagai peringatan untuk kita semua, kaedah pengeluaran makanan juga memerlukan analisis yang teliti tentang hubungan antara pembangunan dan perlindungan alam sekitar. Keinginan untuk memiliki dan mengeksploitasi sumber planet dengan cara yang berlebihan dan tidak teratur adalah punca utama semua kemerosotan alam sekitar. Perlindungan alam sekitar mencabar dunia moden untuk menjamin bentuk pembangunan yang harmoni, menghormati reka bentuk ciptaan Tuhan, dan oleh itu mampu menjaga planet ini. Adakah kita sedar tentang perkara ini? Apapun usia kita, tua dan muda, kanak-kanak, remaja dan dewasa haruslah bekerjasama dan memainkan peranan masing-masing untuk menangani masalah ini. Walaupun seluruh umat manusia dipanggil untuk mengiktiraf kewajipannya kepada generasi yang akan datang, adalah benar juga bahawa Negara dan organisasi antarabangsa mempunyai kewajipan untuk melindungi alam sekitar sebagai kebaikan bersama. Dalam konteks ini, kaitan antara keselamatan alam sekitar dan fenomena perubahan iklim yang mengganggu perlu diterokai dengan lebih lanjut dan memfokuskan kepada kepentingan utama manusia dan terutamanya tentang populasi yang paling berisiko daripada kedua-dua fenomena. Norma kehidupan seharian, perundangan, rancangan pembangunan dan pelaburan tidak mencukupi. Walau bagaimanapun apa yang diperlukan ialah perubahan dalam gaya hidup individu, keluarga, komuniti dan masyarakat dalam tabiat penggunaan dan dalam persepsi tentang apa yang benar-benar diperlukan. Paling penting untuk direnungkan bersama adalah terdapat kewajipan moral untuk membezakan antara yang baik dan yang jahat dalam tindakan manusia, untuk menemui semula ikatan persekutuan yang menyatukan manusia dan ciptaan, kesedaran akan kejahatan dan dosa dunia, unsur-unsur kuasa kegelapan serta dosa manusia itu sendiri yang telah memisahkan antara Allah pencipta dan cintakasihNya dengan pilihan kebebasan yang salah dari manusia itu sejak dari dulu lagi. Amalan budaya dan tanggungjawab sosial ini boleh membantu jikalau manusia itu sedar bahawa mereka sebenarnya telah meninggalkan Tuhan kerana pilihan kebebasan yang salah dipilih.

Marilah kita melihat kembali apa yang tertulis di dalam Encyclical Letter Caritas in Veritate:

Adalah penting untuk diingatkan kembali bahawa "kemerosotan alam semula jadi adalah berkait rapat dengan budaya yang membentuk kewujudan bersama manusia: apabila 'ekologi manusia' dihormati dalam masyarakat, ekologi alam sekitar juga mendapat manfaat." Sesungguhnya, "sistem ekologi adalah berdasarkan penghormatan terhadap rancangan yang menjejaskan kesihatan masyarakat dan hubungan baiknya dengan alam semula jadi." Dan "isu yang menentukan ialah keseluruhan cara hidup dan moral masyarakat. Oleh itu kewajipan kita terhadap alam sekitar dikaitkan dengan tugas kita terhadap peribadi manusia, dipertimbangkan dalam dirinya sendiri dan dalam hubungannya dengan orang lain. Adalah salah untuk menegakkan satu set tugas sambil memijak kepada individu yang lemah dan tidak berpengetahuan. Di sinilah terdapat percanggahan besar dalam mentaliti dan amalan kita hari ini iaitu yang merendahkan martabat seseorang, mengganggu alam sekitar dan merosakkan masyarakat. Jika hari ini kita semua sedar bahawa pilihan kebebasan yang kita pilih itu salah dan berdosa di hadapan Tuhan, bertobatlah dan percayalah kepada Injil. Jika kamu mendengarkan suara Tuhan, jangan keraskan hatimu.

Ingatlah kelaparan adalah tanda kemiskinan yang paling kejam dan konkrit di dunia kita. Kemewahan dan pembaziran tidak lagi boleh diterima apabila tragedi kelaparan semakin besar. Gereja Roman Katolik akan sentiasa prihatin terhadap usaha-usaha untuk mengalahkan kelaparan. Gereja Roman Katolik juga komited untuk menyokong, melalui perkataan dan perbuatan, tindakan yang diambil secara solidariti, terancang, bertanggungjawab dan dikawal selia yang mana semua ahli masyarakat antarabangsa dipanggil untuk menyumbang. Gereja tidak mahu campur tangan dalam keputusan politik. Gereja juga menghormati pengetahuan yang diperoleh melalui kajian saintifik dan keputusan dicapai melalui akal yang dicerahkan secara bertanggungjawab oleh nilai-nilai kemanusiaan yang tulen. Dan Gereja juga menyokong usaha untuk menghapuskan kelaparan. Ini adalah tanda solidariti yang paling baik dan konkrit yang diilhamkan oleh amal kasih dan ia tidak melambatkan atau berkompromi. Perpaduan sedemikian bergantung kepada teknologi, undang-undang dan institusi untuk memenuhi aspirasi individu, keluarga, masyarakat dan seluruh rakyat namun ia tidak boleh mengenepikan dimensi keagamaan dengan semua tenaga rohani yang dibawanya dan nilai martabat peribadi manusia. Pengakuan akan nilai transendental setiap lelaki dan setiap wanita masih merupakan langkah pertama ke arah penukaran hati yang menyokong komitmen untuk menghapuskan kekurangan, kelaparan dan kemiskinan dalam semua bentuk masalah yang ada.

Sebagai penutup untuk renungan disini, saya ingin mengkongsikan sedikit kata-kata daripada Pope Francis mengenai isu kelaparan makanan dan kemiskinan. Semoga bahan bacaan dari awal penulisan ini serta yang disediakan disini memberi manfaat kepada kita semua. Berharaplah kepada Tuhan di dalam doa dan renungan dan percayalah kepada Dia sahaja.

15. Saya memohon dengan sepenuh hati agar harapan diberikan kepada berbilion-bilion orang miskin yang sering kekurangan keperluan hidup. Sebelum gelombang kemiskinan yang berterusan, kita boleh dengan mudah menjadi terbiasa dan meletak jawatan. Namun kita tidak boleh menutup mata terhadap situasi dramatik yang kini kita hadapi di sekeliling kita, bukan sahaja di bahagian tertentu di dunia. Setiap hari kita bertemu dengan orang yang miskin atau miskin; mereka mungkin juga jiran sebelah rumah kita. Selalunya mereka kehilangan tempat tinggal atau kekurangan makanan yang mencukupi untuk hari itu. Mereka mengalami penyisihan dan sikap acuh tak acuh di pihak ramai.

Adalah memalukan bahawa dalam dunia yang memiliki sumber yang besar, yang ditakdirkan sebahagian besarnya untuk menghasilkan senjata, golongan miskin terus menjadi "majoriti penduduk planet ini, berbilion orang. Hari-hari ini mereka disebut dalam perbincangan politik dan ekonomi antarabangsa, tetapi seseorang sering mempunyai tanggapan bahawa masalah mereka ditimbulkan sebagai renungan, soalan yang ditambah hampir di luar tugas atau secara tangensial, jika tidak dianggap hanya sebagai kerosakan cagaran. Sesungguhnya, apabila semuanya dikatakan dan dilakukan, mereka kerap berada di bahagian bawah timbunan". [7] Jangan kita lupa orang miskin hampir selalu menjadi mangsa, bukan mereka yang harus dipersalahkan.

Sebagai tambahan;

Golongan miskin ini ada di dalam komuniti kita masing-masing. Jika kita teliti keadaan sebenarnya perkara ini sebenarnya sudah ada sejak dari dulu lagi. Lihatlah keadaan orang-orang kampung kita yang sanggup datang menjual di tempat kita ini. Ada yang sanggup datang dari jauh bersama dengan anak-anak mereka. Anak-anak kecil tertidur semasa menjual dan ada juga yang duduk menjual terutama anak-anak kecil yang baik hati ini. Bukan mereka yang harus dipersalahkan tetapi kita ini yang sebenarnya memiliki sikap acuh tak acuh dan menanggap kehadiran mereka ini sebagai halangan untuk maju dari segi ekonomi dan pembangunan. Orang kampungan kita bah bukannya pemalas untuk bekerja tetapi masalah yang sering dihadapi oleh masyarakat golongan miskin ini adalah jalanraya masih belum dibaiki lagi. Jalan masuk ke kebun dan ladang juga mempunyai halangan disebabkan jalan raya tersebut terhalang kerana jalan raya yang berlubang dan rosak. Keadaan seperti ini boleh menyebabkan letih dan penat kerana terpaksa berjalan kaki untuk sampai ke destinasi mereka masing-masing. Sesungguhnya golongan miskin inilah yang selalu menjadi mangsa keadaan. Yang menyedihkan lagi hasil tanaman sayuran mereka tidak terjual habis. Jika ini berterusan di masa hadapan usaha hasil tanaman mereka akan mudah menjadi layu dan buruk dan kemudian di buang begitu saja. Pendapatan hasil dari jualan mereka masih belum cukup untuk menampung keperluan seharian mereka. Bagaimanakah anak-anak kecil ini mahu makan sampai puas dan kenyang? Mampukah kita menamatkan krisis kelaparan ini di tempat kita masing-masing?

Rayuan untuk harapan/memohon harapan.

16. Menggemakan mesej lama para nabi, Jubli mengingatkan kita bahawa harta bumi tidak ditakdirkan untuk segelintir orang yang mempunyai hak istimewa, tetapi untuk semua orang. Orang kaya mesti bermurah hati dan tidak mengalihkan pandangan mereka dari wajah saudara-saudara mereka yang memerlukan. Di sini saya memikirkan terutamanya mereka yang kekurangan air dan makanan: kelaparan adalah skandal, luka terbuka pada tubuh manusia kita, dan ia memanggil kita semua untuk pemeriksaan hati nurani yang serius. Saya memperbaharui rayuan saya bahawa "dengan wang yang dibelanjakan untuk senjata dan perbelanjaan ketenteraan lain, marilah kita menubuhkan dana global yang akhirnya dapat menamatkan kelaparan dan memihak kepada pembangunan di negara-negara yang paling miskin, supaya rakyat mereka tidak akan menggunakan kekerasan atau situasi ilusi, atau terpaksa meninggalkan negara mereka untuk mencari kehidupan yang lebih bermaruah". [8]

Satu lagi rayuan sepenuh hati yang saya akan buat sehubungan dengan Jubli yang akan datang ditujukan kepada negara-negara yang lebih kaya. Saya meminta mereka mengakui betapa beratnya banyak keputusan masa lalu mereka dan bertekad untuk memaafkan hutang negara yang tidak akan dapat membayarnya. Lebih daripada persoalan kemurahan hati, ini adalah soal keadilan. Ia menjadi lebih serius hari ini oleh bentuk ketidakadilan baru yang semakin kita kenali, iaitu, bahawa "'hutang ekologi' sebenar wujud, terutamanya antara Utara dan Selatan global, yang berkaitan dengan ketidakseimbangan komersial dengan kesan ke atas alam sekitar dan penggunaan sumber asli yang tidak seimbang oleh negara tertentu dalam jangka masa yang panjang". [9] Seperti yang diajarkan oleh Kitab Suci, bumi ini adalah milik Tuhan dan kita semua diam di dalamnya sebagai “orang asing dan pendatang bagi-Ku” (Im. 25:23). Jika kita benar-benar ingin menyediakan jalan menuju kedamaian di dunia kita, marilah kita komited untuk membetulkan punca ketidakadilan, menyelesaikan hutang yang tidak adil dan tidak dapat dibayar, dan memberi makan kepada orang yang kelaparan.

Sebagai tambahan;

Setiap peribadi manusia itu adalah berharga di hadapan Tuhan. Marilah kita memberikan masa dan diri kita di dalam doa dan renungan apa yang akan terjadi untuk generasi kita di masa yang akan datang. Tidak semua yang kita dapat lakukan di dunia ini tetapi untuk mengatasi kelaparan dan haus ini kita boleh mulakan di tempat kita masing-masing. Untuk menuju kepada kedamaian dunia, adil dan solidariti yang baik, kita perlu kembali ke dasar yang dalam iaitu menilai kembali sejauh mana masyarkat kita ini memperolehi manfaat hasil daripada usaha kerja keras kita. Jika terdapatnya isu kelaparan dan haus ini berterusan bererti kita masih perlu menilai semula tanggungjawab dan komited kita adakah itu sebenarnya kehendak dari Tuhan. Kita harus sedar bahawa tanpa bantuan dari Tuhan kita tidak boleh melakukan apa-apa. Tetapi ingatlah bahawa, “Pencobaan-pencobaan yang kamu alami ialah pencobaan-pencobaan biasa, yang tidak melebihi kekuatan manusia. Sebab Allah setia dan kerana itu Ia tidak akan membiarkan kamu dicobai melampaui kekuatanmu. Pada waktu kamu dicobai Ia akan memberikan kepadamu jalan ke luar, sehingga kamu dapat menanggungnya” (1 Kor 10: 13).

Akhir sekali kepada semua peserta Unduk Ngadau Penampang, Mr Kaamatan dan Peserta Sugandoi Dazanak (kanak-kanak), Sugandoi remaja dan dewasa (terbuka), Sugandoi Songkotoun (veteran);

Cabaran, rintangan dan kesukaran memang banyak di luar sana tetapi banyak juga bah saluran yang kita boleh guna serta mencari solusi terbaik. Dan saya yakin doa, usaha dan kerja keras anda pasti berhasil di masa hadapan serta membawa lebih ramai lagi sumandak-sumandak talawa dan tanak wagu di tempat kita masing-masing walaupun kampungan orang bilang dan tidak berpendidikan tinggi, hanya tau cakap bahasa ibunda sikit-sikit, menjadi simbolik dan imej tradisi identiti etnik di Penampang, Sabah, Malaysia. Tuhan ada rencananya untuk kita semua. Don't be afaid and be humble. Stay focus dan jika hatimu tenang dan damai, Pentas Dewan Kaamatan Daerah dan Peringkat Negeri Sabah akan menjadi milik anda pada tahun ini 2024 dan seterusnya. Bagi yang tidak terpilih don't give up kio. Yakin dan percayalah Tuhan akan memberikan jalan kehidupan yang lebih terbaik selepas ini (1 Kor 10: 13, Yoh 15: 16-17).

Tuhan memberkati usaha anda semua untuk memastikan semua orang diberi makanan yang cukup di dalam kehidupan seharian mereka masing-masing.

Sustained by this great tradition, and certain that the Jubilee Year will be for the entire Church a lively experience of grace and hope, I hereby decree that the Holy Door of the Basilica of Saint Peter in the Vatican will be opened on 24 December 2024, thus inaugurating the Ordinary Jubilee. On the following Sunday, 29 December 2024, I will open the Holy Door of my cathedral, Saint John Lateran, which on 9 November this year will celebrate the 1700th anniversary of its dedication. Then, on 1 January 2025, the Solemnity of Mary, Mother of God, the Holy Door of the Papal Basilica of Saint Mary Major will be opened. Finally, Sunday, 5 January 2025, will mark the opening of the Holy Door of the Papal Basilica of Saint Paul Outside the Walls. These last three Holy Doors will be closed on Sunday, 28 December 2025.

Pope Francis.

Penutup dan kata-kata terakhir perkongsian pada tahun 2023.

Marilah kita bertekun di dalam doa dan meneruskan tanggungjawab kita untuk melayani sesama kita. Teruskanlah amalan budaya bertanggungjawabkan sosial di dalam kehidupan kita. Perayaan Pesta Kaamatan peringkat Keuskupan Agung Kota Kinabalu kali ke-19, 3hb - 4hb Mei 2023 yang bertemakan "Manampasi Koubasanan Notinagas Doid Suang Paganakan Montok Popotihombus Do Tuduvan Dii Kristus" yang telah diadakan di Holy Nativity Parish Terawi adalah tandanya bahawa Tuhan mahu ikut serta dalam usaha kita untuk menghadirkan Yesus Kristus di dalam kehidupan keluarga kita masing-masing serta konsep perpaduan tersebut. Komuniti berpusat kepada Kristus, melayani sesama dengan cinta kasih dapat membawa kita semua untuk mencapai perpaduan. Kita adalah umat Allah berjalan bersama dalam Yesus Kristus. Keluarga yang berpusatkan kepada Ekaristi dapat membantu kita untuk hidup dalam persekutuan komuniti-komuniti penyayang yang berpusatkan pada Kristus, berjalan bersama dalam iman, harapan dan cintakasih, diteguhkan oleh Roh Kudus dalam misi penginjilan demi pembangunan Kerajaan Allah. Kita harus belajar dan kemudian mempraktikkannya bagaimana kita sebagai keluarga Allah yang terdiri dari umat awam, religius, para paderi dan uskup Arch/diosis di Sabah ini untuk berjalan bersama dengan Roh Kristus, iaitu mengamanatkan diri untuk taat berdoa dan menghayati Sabda Allah agar kita yang percaya kepada Kristus memperbaharui peribadi dan kelompok secara berterusan sambil merayakan Sakramen-sakramen. Hidup berkomuniti juga amat penting supaya kita dapat memupuk perpaduan di kalangan komuniti, menghormati nilai-nilai agama lain, menjaga alam sekitar dengan bertanggungjawab dan juga menegakkan keadilan dan kedamaian. Kita tidak perlu takut dan risau untuk memperjuangkan keamanan, keadilan dan cintakasih.

Jagalah keharmonian alam ciptaan Tuhan. Apapun misi dan matlamat kita semua jangan sesekali mencobai Tuhan dan mengikuti ajaran sesat yang menghalang kita untuk membentuk komuniti umat Allah yang komited dan efektif dalam pelayanan KerajaanNya. Kita berdoa agar dengan bantuan Roh Kudus segala aktiviti dan pelayanan kita masing-masing menghadirkan kasih Allah kepada sesama kita. Dengan cara yang demikian kita membantu dan membawa orang lain untuk mengenali tanda-tanda kehadiran Tuhan dan menyelamatkan mereka dari dosa dan kematian. Jika hari ini kamu mendengarkan suara Tuhan jangan keraskan hatimu. Bertobatlah kerana KerajaanNya sudah dekat bagi orang yang percaya kepada Yesus Kristus, yang adalah jalan, kebenaran dan kehidupan untuk semua umat manusia.

Please don't tamaha bah. Enough for all suffering!

Tuhan hadir dan berkarya dalam setiap peristiwa dan kehidupan kita / Huminodun dan Unduk Ngadau / Pesta Kaamatan Sabah.

Setiap tahun seluruh kaum kadazan dusun dan juga di Sabah ini akan mengadakan Pesta Kaamatan mengikut tempat masing-masing. Sesuai dengan tema dan fokus yang diadakan, sudah tentu pelbagai aktiviti dan acara diadakan. Dan saya ingin memberikan penjelasan secara singkat disini tentang nama-nama gong mengikut dialek Kadazan Penampang ataupun dalam bahasa kampungan yang selalu kita gunakan setiap hari. Inilah keunikan bahasa kampungan tempatan Penampang Sabah yang mencerminkan identiti dan budaya masyarakat yang berbilang kaum, bangsa dan agama. Marilah kita mempelajari tradisi dan kepercayaan yang telah diwariskan kepada kita ini agar Pesta Kaamatan pada tahun-tahun yang akan datang dapat membantu sesama kita untuk mendengar dan memahami konsep dan soalan yang selalu ditujukan kepada setiap peserta Unduk Ngadau Kaamatan kita di Peringkat Daerah mahupun di Peringkat Negeri Sabah. Tetapi saya juga mahu agar mereka yang kini dalam perancangan untuk mengikuti Sugandoi Kaamatan ataupun Mr Kaamatan perlu tahu tentang hal ini. Jangan risau dan takut kerana penjelasan tentang hal nama-nama gong ini dapat membantu anda semua kio. Semoga Tuhan memberkati anda semua.

Nama-nama gong yang perlu kita fahami mengikut dialek Penampang.

Gandang.

1. Saasalakan (gong pertama)
2. Naananangon / Kukulivadon (gong kedua)
3 Haahambatan (gong ketiga)
4. Kukulimpo'on (gong keempat)
5. Tootongon (gong kelima)

6. Tatavag (gong keenam)

Terdapatnya pelbagai erti dan maksud yang telah saya sebutkan tadi. Tetapi yang perlu kita fahami lagi adalah peranan Kulintangan dan gong Penampang Sabah ini. Marilah kita mempelajari lagi kepentingan Kulintangan ini.

Kulintangan dan gong Penampang digunakan dalam upacara adat dan perayaan terutamanya di kalangan suku kaum Dusun dan Kadazan di Sabah. Alat-alat muzik ini iaitu Kulintangan juga digunakan untuk mengiringi tarian dan nyanyian. Ini sering kali kita melihat pada waktu masa-masa tertentu khususnya pada Pesta Kaamatan ataupun keramaian yang diadakan. Biasanya alat muzik Kulintangan ini dimainkan pada majlis perkhawinan mengikut adat dan tradisi tempatan.

Itulah sebabnya mengapa Kulintangan amat penting untuk budaya masyarakat kita. Alat muzik Kulintangan ini adalah satu set gong kecil yang disusun secara mendatar dan manakala gong Penampang adalah sejenis gong yang lebih besar. Kedua-dua ada perbezaan saiz tetapi jika dimainkan secara serentak akan menghasilkan irama dan melodi yang baik dan indah.

Kedua-dua alat ini juga sering dimainkan bersama dalam satu ensembel muzik untuk menghasilkan bunyi yang harmoni. Bagi kita yang ingin tahu lagi tentang perkataan ini "ensembel" sila rujuk maksud dan ertinya di bawah ini. Saya hanya memberikan penjelasan sesuai dengan cara dan pemikiran kita sebagai orang yang sederhana dan kampungan style kio, agar kita semua boleh belajar tanpa menggunakan idea dan penjelasan yang sukar (yang susah mau tau bah gitu).

Maksud "ensembel" dalam konteks muzik ialah sekumpulan pemuzik, sama ada instrumental atau vokal, yang bermain Ensembel juga merujuk kepada gabungan dua atau lebih daripada ahli muzik yang menghasilkan muzik secara bersama.

Dan untuk kumpulan muzik, ensembel adalah sinonim dengan kumpulan muzik yang terdiri daripada dua atau lebih ahli yang memainkan alat muzik atau menyanyi. Ensembel juga boleh menggabungkan pelbagai jenis alat muzik untuk mencipta harmoni dan melodi. Ensembel boleh terdiri daripada pemuzik vokal sahaja, pemuzik instrumental sahaja, atau gabungan keduanya. Ini sering dikatakan sebagai vokal dan instrumental. Ensembel boleh memainkan pelbagai jenis muzik, termasuk muzik tradisional dan kontemporari. Erti dan maksud kontemporari ini adalah merujuk kepada pada masa yang sama, semasa, atau masa kini. Ia merujuk kepada sesuatu yang berlaku atau wujud pada masa sekarang, atau berkaitan dengan zaman sekarang.

Daripada tradisi dan lisan yang telah kita dengar dan pelajari, Kulintangan dan gong Penampang digunakan dalam upacara seperti perkahwinan, penyembahan semangat, dan ritual pemujaan. Selain itu, alat-alat muzik ini juga dimainkan semasa perayaan dan majlis keramaian, seperti Tadau Kaamatan (Pesta Menuai) seperti yang telah saya jelaskan sebentar tadi.

Dan marilah kita baca kembali disini pengertian tentang nama-nama gong tersebut dan bagaimana kita perlu menggunakannya.

Gong ensemble - Sompogogungan.

Pukulan gong / Gong beating:

1. Magagung
2. Dunsai
3. Botibas

Tagung Do Penampang / Tahos do Tagung / Tuntungon (Kadazan Penampang).

Untuk bahasa kampungan style kita ini iaitu bagi Sabah bah, anda boleh bertanya maksud dan ertinya kepada mereka yang tahu pasal ini kio. Ada baiknya saya kasih campur sedikit bahasa orang-orang kita ini supaya boleh memahaminya dari awal dan sampailah perkongsian ini selesai.

1. Magagung - tagung tavasi montok onu nopo kaantakan tavasi miaga ko Kaamatan, Kalamazan, om Matod (wedding / khawin).

(Diadakan sewaktu Pesta Kaamatan dan juga keramaian yang diadakan)

2. Dunsai (tagung talaat) - ogungon songian kivaa noopo minidu pogun, au kavasa pounion ogungon do suka suka, kosogit songinan vogok.

(Dilakukan pada masa-masa tertentu iaitu pada waktu seorang telah meninggal dunia).

3. Botibas - tagung do pangazou / warrior dance / tarian mingkuntau. Nga apagau di okito om aagung iti do baino tu okuudi tuhun koiho ingkuo magagung do Botibas, ogungon nogi tagung diti dipoguhui kahapas / opongoh momohobong tuhun minidu pogun.

(Botibas ini juga telah dilakukan pada waktu setelah selesainya upacara pengebumian seorang yang telah meninggal dunia).

Dan marilah kita mempelajari tradisi dan kepercayaan tentang pantang larang gong Kadazan Penampang.

1. Jika gong di pinjam untuk membunyikan gong Dunsai, peminjam tersebut harus memberikan sogit seekor ayam kepada pemiliknya selepas 7 hari gong itu telah digunakan.

2. Gong yang digunakan untuk Dunsai tidak boleh digantungan pada kayu seperti Magagung tagung tavasi kerana gong Dunsai itu hanya diletakkan bersebelahan dengan Hungun (keranda) orang yang telah meninggal dunia itu. Dan kebiasaannya gong Dunsai akan di palu pada waktu dan masa-masa tertentu seperti mengikut jam pada 6 pagi, 12 tengahari, 6 petang dan pada jam 12 tengah malam (modtudau). Dan gong Dunsai juga akan di palu ketika mengiringi seorang yang telah meninggal dunia ke tanah perkuburan dan semasa pengebumiannya. Selepas selesainya upacara pengebumian, gong Dunsai akan diberhentikan dan dituruti dengan gong Botibas serta gong Magagung sebanyak 3 kali sebagai isyarat bahawa upacara pengebumian telah selesai.

3. Apabila gong tidak dibunyikan / digunakan lagi, gong itu hanya akan digantungkan pada tempat yang telah dikhaskan (disediakan) dan tidak boleh kasih "tangkub" (diletakkan). Biasanya nasihat orang-orang tua dahulu kio nanti itu gong bobou kaa.

4. Dan gong yang diiringi dengan paluan Kulintangan dikenali sebagai "Nogungan do Duvanson" .

5. Magagung tagung tavasi juga sering di palu ketika upacara ritual momolianism seperti Modsuut, Mangampah, Papasazau do Miontong, sazau do Mundang, Popohoput do hoputan, Papasazau Do Bamba'azon, Magang dan banyak lagi.

Momolianisme adalah sistem kepercayaan tradisional masyarakat Kadazan-Dusun, Murut, dan Rungus di Sabah, Malaysia. Sistem kepercayaan ini dianggap sebagai peraturan ilahi tentang ibadat, tingkah laku dan cara hidup. Masyarakat adat Kadazan-Dusun telah dengan cerdik memasukkan sistem nilai-nilai keagamaan mereka ke dalam kehidupan sosial mereka dan menjadikannya hukum adat setempat yang dikenal sebagai Adat.

6. Dan jika gong-gong yang sudah lama tidak di palu (dibunyikan) biasanya diadakan satu upacara ritual yang dilakukan oleh Bobohizan yang dikenali sebagai Momosik do Tagung. Menurut kepercayaan tersebut, semangat Tagung / Gong akan di bangunkan oleh Bobohizan sambil menggunakan kata-kata "Ina'it" mantera yang dikatakan dan dipercayai boleh membangunkan semangat Tagung yang sudah lama tidak dibunyikan.

Apapun perkongsian disini, marilah kita mempelajari tradisi tempatan kita di Sabah Malaysia ini agar kita dapat memperkembangkan idea-idea kita seterusnya. Saya berharap agar kita melihat bagaimana Tuhan hadir dalam setiap aspek kegiatan dan kehidupan kita semua. Pesan saya untuk anda semua, jadikanlah kehidupan kita ini sesuai dengan kehendak Tuhan dan bukannya mengasingkan tradisi budaya masyarakat. Sejarah membuktikan bahawa di dalam Perjanjian Lama Allah hadir dan berkarya dalam setiap peristiwa dan memberikan kebebasan agar manusia itu memilih yang baik dan menolak amalan nekromansi. Bagi semua kita yang beragama Katolik, saya mengakhiri perkongsian ini dengan berkat doa dan perlindungan dari Tuhan agar budaya masyarakat kita di masa hadapan menjadikan kita anak-anak

Allah Bapa dan mewujudkan komuniti yang bebas dari amalan nekromansi dan kuasa kegelapan. Saya menutup perkongsian ini dengan memberikan penjelasan secara singkat tentang Unduk Ngadau dan Huminodun. Tuhan memberkati kita semua.

Huminodun dan Unduk Ngadau adalah dua elemen penting dalam perayaan Tadau Kaamatan, pesta menuai masyarakat Kadazan-Dusun di Sabah. Huminodun adalah legenda seorang gadis yang dikorbankan untuk menyelamatkan kaumnya, sementara Unduk Ngadau adalah pertandingan ratu cantik yang diadakan sebagai penghormatan kepada semangat Huminodun. Huminodun adalah tokoh legenda dalam masyarakat Kadazan-Dusun. Dia dikisahkan sebagai seorang gadis yang rela dikorbankan oleh bapanya, Kinoingan, untuk menyelamatkan kaumnya dari kebuluran. Kisah Huminodun ini menjadi simbol pengorbanan, ketaatan, dan semangat rela berkorban demi kebaikan orang lain.

Unduk Ngadau berasal dari perkataan "runduk tadau" yang bermaksud "gadis yang dimahkotai sinar matahari". Unduk Ngadau dianggap sebagai jelmaan semangat Huminodun yang bangkit dari kakanan (tempat padi disimpan) setelah tujuh hari pengorbanan Huminodun. Dan pertandingan Unduk Ngadau diadakan untuk memperingati pengorbanan Huminodun dan untuk merayakan musim menuai (Kaamatan). Unduk Ngadau juga melambangkan kecantikan, kebaikan budi, dan semangat Huminodun.

Kaitan Huminodun dan Unduk Ngadau.

Unduk Ngadau adalah simbol penghormatan kepada semangat Huminodun. Pertandingan Unduk Ngadau adalah cara untuk mengenang dan merayakan jasa Huminodun dalam menyelamatkan kaumnya. Peserta Unduk Ngadau diharapkan dapat meneladani semangat Huminodun dalam kehidupan seharian. Ringkasnya, Huminodun adalah legenda pengorbanan, manakala Unduk Ngadau adalah perayaan yang memperingati dan merayakan pengorbanan tersebut serta semangat Huminodun yang diwarisi hingga kini. Apapun perkongsian tentang semua ini, saya juga berharap agar makna dan kaitannya dengan sejarah dan budaya masyarakat kita di Sabah Malaysia ini bukannya melihat pangkat dan kelulusan pendidikan yang tinggi sebagai aset untuk menyertai pertandingan Unduk Ngadau tetapi melihat kembali kegembiraan dan wajah-wajah sukacita yang miskin dan sederhana dan yang tidak berpengetahuan dan berpendidikan. Marilah kita wujudkan kembali damai dan kasih Allah ini untuk semua orang.

Huminodun ialah seorang gadis dalam mitologi Kadazan-Dusun yang mengorbankan dirinya untuk menyelamatkan rakyatnya daripada bencana kelaparan, dan jenazah beliau menjadi sumber makanan pertama manusia. Manakala Unduk Ngadau ialah pertandingan ratu cantik yang diadakan sempena perayaan Tadau Kaamatan dan ia melambangkan semangat dan kebaikan budi Huminodun, serta ia berasal daripada perkataan "Runduk Tadau" yang bermaksud "gadis yang dimahkotakan sinaran cahaya matahari".

Legenda Huminodun.

Pengorbanan untuk Kesejahteraan Rakyat:

Huminodun adalah anak perempuan kepada Kinorohingan dan isterinya Suminundu yang mengorbankan diri demi menghentikan bencana kelaparan yang melanda kaum Kadazan-Dusun.

Sumber Makanan:

Jasad Huminodun dikatakan menjadi sumber makanan pertama, di mana isi tubuhnya menjadi padi, darahnya menjadi lada, kepalanya menjadi kelapa, dan jari-jemarinya menjadi halia.

Asal-usul Makanan dan Padi:

Kisah Huminodun menjadi asas kepada ritual penanaman padi dan kepercayaan kepada Bambarayon (semangat padi) dalam komuniti Kadazan-Dusun.

Unduk Ngadau sebagai Simbol.

Jelmaan Roh Huminodun:

Setelah Huminodun dikorbankan, semangatnya dikatakan bangkit semula sebagai Unduk Ngadau yang muncul dari kakanan (tanah atau bumi) selepas tujuh hari, dan dipercayai sebagai jelmaan Huminodun.

Simbol Kecantikan dan Kebaikan Budi:

Perkataan Unduk Ngadau, yang berasal daripada "Runduk Tadau" (gadis yang dimahkotakan cahaya matahari), digunakan untuk melambangkan kecantikan, kebaikan budi, keberanian, dan pengorbanan Huminodun.

Pertandingan Ratu Cantik:

Pertandingan Unduk Ngadau diadakan setiap tahun semasa Tadau Kaamatan untuk menghargai pengorbanan Huminodun dan mengekalkan warisan budaya tersebut.

Kinorohingan bapa huminodun merujuk kepada Tuhan atau Pencipta Agung dalam kepercayaan Kadazan Dusun yang merupakan bapa kepada Huminodun dalam kepercayaan masyarakat Kadazan-Dusun di Sabah. Huminodun adalah anak perempuan Kinorohingan yang mengorbankan dirinya untuk menyelamatkan umat manusia daripada kelaparan, dan jasa pengorbanannya dikenang dalam perayaan Tadau Kaamatan, yang dirayakan sebagai penghormatan kepada semangat padi dan hasil tuaian.

Siapa Kinorohingan?

Kinorohingan ialah Tuhan atau Pencipta Agung dalam kepercayaan dan penduduk Kadazan Dusun di Sabah. Kinorohingan adalah suami kepada Suminundu dan bapa kepada Huminodun.

Siapa Huminodun?

Huminodun ialah anak perempuan Kinorohingan dan Suminundu.

Huminodun mengorbankan dirinya dengan tubuh badannya yang ditanam di bumi.

Daripada jasadnya, tumbuhlah tumbuhan seperti padi, yang menjadi sumber makanan kepada kaum Kadazan-Dusun.

Kaitan dengan Tadau Kaamatan.

Kisah pengorbanan Huminodun menjadi asas kepada perayaan Tadau Kaamatan.

Perayaan ini diadakan setiap tahun untuk mengenang jasa Huminodun dan untuk mensyukuri hasil tuaian padi. Dalam perayaan ini, diadakan pertandingan Unduk Ngadau, yang melambangkan kejelmaan semangat Huminodun yang hidup kembali sebagai simbol kecantikan dan kebaikan.

Suminundu adalah isteri kepada Kinorohingan, yang merupakan nama Tuhan Pencipta dalam kepercayaan kaum Kadazandusun dan Dusun Lotud. Dalam kepercayaan ini, Suminundu dipercayai dicipta dari rusuk Kinorohingan dan memainkan peranan penting dalam penciptaan bumi. Mereka mempunyai seorang anak perempuan yang bernama Huminodun, yang kemudian mengorbankan dirinya untuk menyelamatkan manusia daripada kebuluran.

Latar Belakang Suminundu:

Isteri kepada Kinorohingan: Suminundu adalah pasangan kepada Tuhan Pencipta (Kinorohingan)

Penciptaan: Dipercayai dicipta dari sebelah rusuk Kinorohingan, mencerminkan kepentingan penciptaan wanita dalam pandangan spiritual.

Peranan dalam Penciptaan Bumi: Suminundu memainkan peranan penting dalam proses penciptaan bumi.

Anak Perempuan: Suminundu dan Kinorohingan mempunyai seorang anak perempuan yang jelita, iaitu Huminodun.

Kisah Huminodun:

Huminodun kemudiannya mengorbankan dirinya kepada roh bumi.

Pengorbanan ini menjadi balasan untuk mendapatkan hasil tanaman yang melimpah kepada kaum Kadazandusun, yang menghadapi bencana kebuluran.

Daripada jasadnya, tumbuh pokok padi, yang menjadi sumber makanan utama suku kaum tersebut. Jelmaan roh Huminodun dipercayai kembali sebagai Unduk Ngadau dalam Perayaan Kaamatan.

Bambarayon bukanlah Kinorohingan; Bambarayon adalah semangat padi, manakala Kinorohingan adalah Tuhan atau Pencipta tertinggi dalam kepercayaan masyarakat Kadazan Dusun. Bambarayon (semangat padi) adalah jelmaan dari tubuh Huminodun, anak perempuan Kinorohingan, yang mengorbankan dirinya untuk menyelamatkan rakyat daripada kelaparan, dan semangat padi ini dihormati melalui Pesta Kaamatan.

Perbezaan Utama:

Kinorohingan: Tuhan atau Pencipta Agung dalam kepercayaan Kadazan Dusun.

Bambarayon: Semangat yang terdapat dalam padi, yang berasal dari tubuh Huminodun, anak perempuan Kinorohingan dan Suminundu.

Kisah Asal Usul:

Pada zaman dahulu, manusia menghadapi kelaparan. Kinorohingan, Tuhan atau Pencipta tertinggi dalam kepercayaan masyarakat Kadazan Dusun, mengorbankan anaknya yang bernama Huminodun untuk menyelamatkan mereka. Dari pengorbanan Huminodun, benih padi tumbuh, lalu lahirlah Bambarayon, iaitu semangat padi yang menjaga kelangsungan hidup manusia. Oleh itu, Pesta Kaamatan diadakan untuk menghormati Bambarayon (semangat padi) sebagai bentuk rasa syukur kepada Huminodun dan Kinorohingan atas rezeki padi yang diberikan.

Rujukan: https://share.google/roQjbioOZoVryS1nb[1]

---

1. https://draft.blogger.com/u/1/blog/post/edit/5944887941936766 01/ 8851256525243554237

My Vocation is Blessed and Saints.

"I am the most humble of all the Saints in Heaven" Mary, Mother of God. "I am the handmaid of the Lord, said Mary 'let what you have said be done to me." (Luke 1: 38). Mother Mary is the most humble Saint in Heaven and she is also the Mother of God for us all (Luke 1:38)

Jonathan Fabian Ginunggil,

Yesus, Maria, Yusuf Pelayanan Kasih / Jesus, Mary Joseph Ministry of Love

(Blessed and Saints and the Nine Choirs of Angels)

Kampung Kituau 89500 Penampang Sabah Malaysia.

Email: jonathanfabianginunggil@gmail.com

Contact Number: 014-9108120

Don't miss out!

Visit the website below and you can sign up to receive emails whenever Jonathan Fabian Ginunggil publishes a new book. There's no charge and no obligation.

https://books2read.com/r/B-A-KTRNE-QSDGH

BOOKS 2 READ

Connecting independent readers to independent writers.

Did you love *Tradisi Suci Kepercayaan Dan Iman Katolik 5 October 2025*? Then you should read *Jesus, Mary, Joseph Ministry of Love (Blessed and Saints and the Nine Choirs of Angels)*[2] by Jonathan Fabian Ginunggil!

[3]

Collaborate with the Holy Father the Pope, Cardinals, Archbishops and Bishops throughout the world and help them for unity and peace with our Catholic Church. Every teaching of the Holy Tradition, Commandments and Doctrines of the Church must be proclaimed to all nations in the world. Collaboration through continuous prayer must be done every day so that the message of the Lord Jesus Christ can be proclaimed in a new way of evangelism according to the period, time, place, circumstances and situations in this ministry of love. Every person called by God must be steadfast and loyal to the teachings of

2. https://books2read.com/u/mKO2g9

3. https://books2read.com/u/mKO2g9

Christ and his Bishops in this world to face heretical teachings that try to mislead the faithful. Defense of the Catholic Faith by respecting the mission of the Holy Father, the Pope, Cardinals, Archbishops and Bishops throughout the world. Commitment must be renewed from time to time in prayer especially in the Eucharist and Liturgy of the Word, Rosary, Daily Prayer (Brevir), Community Prayer and Personal Prayer or Devotions that exist in the Catholic Church.

About the Publisher

Jonathan Fabian Ginunggil, Kampung Kituau 89500 Penampang, Sabah, Malaysia. Catholic Church.

Pelayan Atasan Tertinggi / Most High Servant, Yesus, Maria, Yusuf Pelayanan Kasih / Jesus, Mary, Joseph Ministry of Love (Blessed and Saints and the Nine Choirs of Angels)

Contact Number:

014-9108120

Email: jonathanfabianginunggil@gmail.com

Read more at https://www.blogger.com/profile/06201032119803224371.

www.ingramcontent.com/pod-product-compliance
Lightning Source LLC
LaVergne TN
LVHW022313200926
848481LV00004B/1321
* 9 7 9 8 2 3 2 8 9 2 2 9 6 *